災害時における

介護の
ボランティア入門

～介護福祉士の専門性をいかして～

公益社団法人日本介護福祉士会＝編集

中央法規

はじめに

　日本は世界でも有数の自然災害が多い国です。毎年、台風や地震をはじめ、さまざまな災害に見舞われています。こうした状況にあっては、「減災」というリスクに備えた予防的視点はもちろんですが、同時に、被災した人たちの生命をどのように守り、その後の生活をどのように支援するかという視点も大変重要になります。

　これまで日本介護福祉士会では、東日本大震災をはじめ、熊本地震、鳥取県中部地震など、大きな災害が発生したときに、都道府県介護福祉士会と連携しながら災害時ボランティアを派遣してきました。

　介護福祉士が日頃から介護現場で求められる介護福祉の実践力は、災害が発生したときにもきわめて有効だと考えられます。このことは、2017（平成29）年10月に公表された厚生労働省社会保障審議会福祉部会福祉人材確保専門委員会の報告書のなかで、介護福祉士に求められる機能について「通常の日常生活における支援だけでなく、災害時の支援にも有効なものであり、非常時における専門職としての役割の発揮も期待される」と記されていることからも明らかです。

　本書では、これまでの活動をふまえ、なぜ災害時に「介護のボランティア」が必要なのかという理由を考え、介護福祉士がどのような場所で、どのような時期に、何を目的として、どのようなボランティア活動を行うのかをまとめています。

　被災した状況にあっても、「福祉（ふくし）における、普（ふ）通の暮（く）らしを、支（し）援する」。これこそが、生活支援の専門家としての介護福祉士の質が問われる部分でしょう。

　災害が起こったときに介護福祉士にできることは数多くあります。そのすべての活動、かかわりに際しては、必ず「被災地主体」「被災者主体」という視点にもとづいて、目の前にいる人たちが主体的に生活できるよう、生活自体をよりよくする介護の展開をイメージし、行動できることを期待します。

　「何でもする」けれども「何でもしない」という黒子の達人として、介護福祉士が行う介護は、人間としての尊厳をどこまでも保持します。私たち介護福祉士が、介護福祉士としての専門性とその存在意義を高め、深めていくのは、まさに今です。

公益社団法人日本介護福祉士会
災害対策検討委員長　舟田 伸司

目次

はじめに

1 ボランティアとは何か

1 ボランティアの語源と定義 ………………………………………………… 2

2 ボランティア活動の原則 ………………………………………………… 4

2 災害時の介護のボランティア活動

1 災害時に介護のボランティアが求められる理由 ………………………… 10

2 「災害」とは ……………………………………………………………… 12

3 介護福祉士による災害時の介護のボランティア活動 ………………… 15

（1）介護福祉士にできる具体的な取り組み ……………………………… 15

（2）災害発生後のフェーズ等の考え方 …………………………………… 16

（3）介護福祉士による災害時の介護のボランティア活動 ……………… 19

4 災害時の介護のボランティア活動を円滑に行うための事前調整 ……… 26

5 災害時ボランティアの心構え …………………………………………… 32

3 介護福祉士の専門性をいかした災害時の介護のボランティア活動

1 一人ひとりの介護福祉士による取り組み ……………………………… 38

> ケース1　避難所で介護福祉士にできる支援 ………………………… 38

> ケース2　「避難所」という場所の環境をどう整えるか ……………… 42

> ケース3　自分たちに何ができるのかを考える ……………………… 46

> ケース4　他愛もない話をしながら一時を楽しむ …………………… 52

> ケース5　ボランティアコーディネーターとして …………………… 58

> ケース6　避難所で、こころに不安を抱える人たち ………………… 63

| ケース 7 | 学生たちによる災害時ボランティアの活動 .... 67 |

2 各県介護福祉士会の組織による取り組み 73

ケース 1	熊本県介護福祉士会による取り組み 73
ケース 2	福岡県介護福祉士会による取り組み 76
ケース 3	鳥取県介護福祉士会による取り組み 81
ケース 4	宮城県介護福祉士会による取り組み 85
ケース 5	岩手県介護福祉士会による取り組み 89
ケース 6	新潟県介護福祉士会による取り組み 93

「まとめ」にかえて 98

巻末資料

1

ボランティアとは何か

1 | ボランティアの語源と定義

この項目では……

▶ 「ボランティア」という言葉の意味を考えます。

▶ 日本でボランティアが注目されるようになった背景を探ります。

「ボランティア」という言葉の意味

ボランティアの語源は、ラテン語のボランタス（voluntas）やボランタリウス（voluntarius）で、意味は「意志」「自ら進んでやること」です。

「volunteer」という言葉のもともとの意味は、志願兵（対義語が draft：徴集兵）で、歴史的には、騎士団や十字軍などの宗教的意味をもつ団体にまでさかのぼります。

動員・勧誘・強制を受けた活動への参加は、本人の純粋な自由意志にもとづかないため、ボランティアとはいいにくい面があります。

しかし、日本では、奉仕活動の同義語として、無償労働の意味でボランティアという言葉を用いる場合もあります。

日本における相互扶助とボランティア

日本では古くから、「五人組」「町内会」「自治会」「消防団」など、地縁や血縁によって強固に結びついた相互扶助の習慣がありました。そのため、外部からボランティアを広く呼びかけ、受け入れるしくみは必要ありませんでした。また、地域では民生委員などのような、無給で社会奉仕活動を行う制度が以前か

ら構築されていました。

その一方で、都市化・核家族化による人口の隔たりや流動化により、有事の対応が迅速かつ的確に行えるしくみを維持することが困難になってきました。そうしたなか、ボランティアは、新たな相互扶助のしくみとして注目されるようになりました。

なかでも、阪神・淡路大震災の発生は、ボランティアを語るうえで一つのエポックメイキングだといわれています。1995（平成7）年は「ボランティア元年」と呼ばれ、震災発生当日の1月17日が「防災とボランティアの日」と定められています。

震災発生後、最初の1か月では1日2万人、2か月で延べ100万人以上のボランティアが被災地で活動したといわれています。

「何かをしてあげたい！」「何かしなくては…」という思いから、被災地の状況を知った人々が全国からボランティア活動に駆けつけました。その多くは、震災以前には、ボランティア活動をしたことがない人たちであったといわれています。

以上のように、明確な定義を行うことは難しいのですが、**ボランティア**とは一般的には「自発的な意志にもとづいて、他人や社会に貢献する人」を指し、その人による行為を**ボランティア活動**と呼んでいます。

2 | ボランティア活動の原則

この項目では……

▶ ボランティアの語源や定義をふまえて、ボランティア活動の四つの原則について考えます。

ボランティア活動の基本的な考え方

ボランティアが一般的には「自発的な意志にもとづいて、他人や社会に貢献する人」とされているように、ボランティア活動の基本は「自ら進んで行う」ことであって、義務でも強制でもありません。

ボランティア活動はあくまでも自発的・自主的な活動であり、個人個人の自由な意志により、考えて、発想し、行動するものです。

ただし、個人の意志によって行動するといっても、自己の利益を目的とするものではなく、利他性が求められ、その活動や目的が社会に開かれたものである必要があります。

さらに、無償性や継続性といった要件も求められます。

ボランティア活動の四つの原則

以上のことをふまえると、**表1**のように、ボランティア活動には四つの原則があると整理できます。

❶自発性・自主性

ボランティア活動は、自分自身の考えによってはじめる活動です。誰かに強制されて行ったり、また、義務として行わせた

表1 ボランティア活動の原則

① 自発性・自主性……自由意志で行うこと
② 無償性・無給性……利益を求めないこと
③ 利他性・社会性……公正に相手を尊重し、他人の幸福を願うこと
④ 先駆性・創造性……ほかにさきがけ、必要に応じて工夫できること

りする活動ではありません。

例えば、知人や友人から誘われたり、学校や会社の行事として参加したり、テレビや新聞で見かけたりと、どんな些細なきっかけでも、自分自身の「やってみよう」という気持ちを大切にすることから、ボランティア活動ははじまります。

そして、自発的だからこそ個々の取り組みにも違いがあって当たり前となり、そのために多様な活動ができ、既成概念にとらわれず、自由で先駆的な取り組みが展開できることにつながります。

自発性・自主性こそが、ボランティア活動の最も大切な要件といえるかもしれません。

❷無償性・無給性

ボランティア活動は、活動目的の達成によって、出会いや発見、感動、そしてよろこびといった**精神的な報酬**を得る活動であり、個人的な利益や報酬を第一の目的にした活動ではありません。

交通費や食費、材料費などの実費弁償については、**無償**の範囲とされています。これらの実費が支払われる場合は、あくまでもボランティアを受ける側や活動を主催する側の「気持ち」であって、ボランティア自身が求めるものでは決してありません。

❸利他性・社会性

利他性とは、自己の利益よりも、**他者の利益を優先**するという考え方です。

私たちの社会にはさまざまな課題が存在します。そうした課題を発見し、改善していくためには、一人ひとりが個人で考え

ることのほかに、多くの人々で協力し合いながら、同じ人間として互いに尊重し、力を合わせ、助け合って行動することが大切になります。

だからこそ、その活動や目的が、社会に開かれたものである必要性があります。

ボランティア活動は、助けを求める人々への「共感」と、受け手側の「受容」にもとづく説明と同意、そして協力を基盤にした協働活動であるといえます。

❹ 先駆性・創造性

目の前の課題に対して、何が必要なのか、そして、改善のためにはどうすればよいのか。ボランティア活動では、従来の考え方にとらわれることなく、**自由な発想やアイデア**を大切にしながら、活動の方法やしくみを考え、つくり出していくことが大切です。

ボランティアを受け入れる環境と一定のルール

必ずしもボランティアを受け入れる環境が、すべての場面で整備されているわけではありません。受け入れ環境が整備され、一定のルールのもとで行われなければ、その活動は迷惑なものになりかねません。

例えば、災害という大きな環境の変化のなかにおいて、避難所等に押しかけのボランティアが殺到したり、それぞれのボランティアが独自の判断で先駆性や創造性を発揮しようとしたりすれば、避難所等が混乱におちいることは容易に想像できます。

自発性と自主性にもとづいていることが、ボランティア活動において重要性を問われることはそのとおりなのですが、実際の場面では、**ボランティアを受け入れる環境と一定のルール**をふまえて活動することが求められます。

そのうえで、介護福祉士という生活支援の専門職として、どんなボランティア活動ができるのか、そして、どんな専門性を発揮できるのか。

ふだんの介護実践のなかで、常にそのことを意識し、思考し続けることも重要といえるでしょう。

2

災害時の介護の
ボランティア活動

1 災害時に介護のボランティア が求められる理由

この項目では……

▶「ボランティアとは何か」という定義はありながらも、災害時ボランティアには、一般のボランティアとは違う意味するところがあります。そこで、災害時に、なぜ介護のボランティアが必要になるのか、その理由を考えます。

支援力の過不足調整

『DMAT標準テキスト 改訂第2版』（日本集団災害医学会監修、2015年3月）においては、「災害とは、突然発生した異常な自然現象や人為的な原因により人間の社会的生活や生命と健康に受ける被害とする。災害で生じた対応必要量（needs）の増加が、通常の対応能力（resource）を上回った状態である」と述べられています。

図1のように、平常時においては対応必要量（needs＝図中の「N」）と対応能力（resource＝図中の「R」）とのバランスがとれているのが一般的です。しかし、災害時には、これらの二つのバランスがくずれます。

対応能力の低下とは、福祉・介護でたとえれば、施設も職員も被災していることを意味します。職員自身が被災者である場合、家庭や家族のことを顧みなければならなくなり、そうなると、本来もっている機能や専門性を発揮できなくなることが容易に考えられます。

そのため、福祉・介護の現場では平常時以上の困りごとが発生し（＝対応必要量が増加し）、結果として、**対応必要量と対応能力とのバランスがくずれた状態**となります。行政の対応が

図1 災害時に介護のボランティアが求められる理由

"災害時"には…

平常時の関係

ボランティア
（外からの支援）

災害時の関係

職員も被災
施設も被災

平常時以上の
困りごと

支援力の過不足調整

コーディネーター
（ボランティアの調整）

とられるとしても、時間がかかることが予想されます。

　このバランスを取り戻すためには、**支援力の過不足を調整**しなければなりません。このときの外からの支援がボランティア（volunteer＝図中の「V」）であり、ボランティアを調整する役割を果たすコーディネーターです。

2 | 「災害」とは

この項目では……

▶ 日常とは異なる観点から介護のボランティアが必要になる災害時。では、そもそも「災害」とは何なのか？　法律で規定されている内容も含めて、災害の定義や種類について考えます。

法律のなかの「災害」に関する定義

災害とは何でしょうか？

災害対策基本法では、「災害」について**表2**のように規定しています。

表2 災害に関する法的規定

暴風、竜巻、豪雨、豪雪、洪水、崖崩れ、土石流、高潮、地震、津波、噴火、地滑りその他の異常な自然現象又は大規模な火事若しくは爆発その他その及ぼす被害の程度においてこれらに類する政令で定める原因により生ずる被害をいう。

(災害対策基本法第2条第1号より)

災害の種類

災害は、その原因から、自然災害、人為災害、複合災害に分類することがあります。

❶自然災害

自然災害とは、暴風、竜巻、豪雨、豪雪、洪水、地震、津波、噴火といった自然現象のほか、微生物、ウイルスといった異常な現象により生ずる災害のことをいいます。

自然災害においては、人口やライフラインの密集化における都市化によって、都市が整備されれば整備されるほど、災害による被害が増加・拡大する傾向にあります。

❷人為災害

人為災害とは、都市災害（大気汚染、水質汚濁、火災等）や産業災害（工場、鉱山などの施設災害、労働災害、放射線災害等）、交通災害のことをいいます。このほか、近年ではCBRNE[1]災害やテロなども目立ってきています。

❸複合災害

複合災害とは、自然災害に人為災害が加わったものをいいます。

また、これらの分類のほかに、災害の規模にもとづいて、局地災害、広域災害、激甚災害などに分類することもあります。

なお、災害の規模の大きさは、復旧・復興までの期間と比例するといわれています。災害の規模が大きければ大きいほど、復旧・復興までの期間は長くなるのが一般的です。

災害というと、地震や津波などが頭に浮かびますが、それだけではないことは理解しておく必要があります。

ただし、被害を受けた人にとっては、災害の規模は関係ありません。人の生活はそれぞれです。災害時には、被災者一人ひとりの生活がおびやかされている事実に目を向けることが大切です。

平常時から「ストレングス」と「ウィークネス」を知る

災害は「平常時の顕在化」（大川弥生）といわれます。つまり、災害が起こることにより、平常時には隠れて見えなかったものが明らかな形として現れ、見えるようになります。

「平常時の関係」として弱い面は、災害が起こったとき、「災

※１ **「CBRNE」とは**…それぞれ、Chemical（化学）、Biological（生物）、Radiological（放射性物質）、Nuclear（核）、Explosive（爆発物）の意。

害時の関係」として浮き彫りにされます。自分の地域において、福祉や介護のストレングス(元来もっている強さや力)とウィークネス（抱えている弱さ）を知り、周知し、改善しておくことは重要です。

また、防災連絡会議※2や地域ケア会議※3 などに出席し、日頃から自治体や団体と連携を図っておくことも大切です。

災害を知ることは防災につながる

災害を知るということは、事前の対策や準備ができるということにもつながります。

例えば、同じ自然災害でも豪雨や崖くずれ、竜巻などは天気予報などでも報じられ、ある程度予測ができるため、事前の対応が可能です。一方で、地震や津波などは現時点ではまだ予測が難しく、災害発生後の対応となります。したがって、発災後はより大きな環境の変化が急激に発生してしまうということです。

災害そのものについて理解するということは、防災※4 の取り組みの必要性を学ぶことにつながります。

図1でみたように、平常時から対応必要量と対応能力とのバランスがとれていない場合には、そのなかでもどの部分が弱いのかを明らかにするなど（＝平常時の顕在化）、災害発生後の対策として、ふだんから地元の福祉・介護の現状を分析しておくことが必要です。

※2「**防災連絡会議**」とは…広域的かつ大規模な災害が発生したときに、当該地域を管轄する防災担当機関が連携し、災害対策を効果的に推進できるように、平常時から情報の共有および施策の連携を目的として開催する会議。
※3「**地域ケア会議**」とは…高齢者個人に対する支援の充実と、それを支える社会基盤の整備とを同時に進めていく、地域包括ケアシステムの実現に向けた手法。具体的には地域包括支援センター等が主催し、医療・介護等の多職種が協働して高齢者の個別課題の解決を図るとともに、介護支援専門員のケアマネジメントの実践力を高める。
※4「**防災**」とは…災害を未然に防ぐために行われる取り組み。災害を未然に防ぐ被害抑止のみを指す場合もあれば、被害の拡大を防ぐ被害軽減や、被災からの復旧まで含める場合もある。

災害時の介護のボランティア活動 **2**

3 介護福祉士による災害時の介護のボランティア活動

この項目では……

▶ 介護福祉士による災害時の介護のボランティア活動とは、①どのような場所で、②どのような時期に、③どのような活動をすることなのか、について考えます。

（1）介護福祉士にできる具体的な取り組み

介護福祉士会が想定する三つの取り組み

　介護福祉士会を通した災害時の介護のボランティア活動としては、具体的にみると、次の三つの取り組みを想定しています。

　ただし、タイミングや場所、状況により、求められる役割はさまざまであり、それぞれに合わせた対応が必要です。そのため、必ずしも次の取り組みに限られるわけではありません。

❶一般避難所における見守り等

　一般避難所とは、小中学校や公民館など、宿泊や食事等の仮の生活ができる収容避難場所を想定していますが、一時避難所等もその対象になるものと考えています。

　福祉避難所の対象とならない人であっても、慣れない生活環境は、本人にとっても、避難所の運営側においても不安は小さくありません。生活支援の専門職である介護福祉士には、その不安を払拭する役割を担うことが期待されます。

　なお、避難所での生活が長期化する際には、生活不活発病を予防するかかわりも期待されるところです。

❷福祉避難所における介護職員支援

　福祉避難所とは、認知症高齢者や障害者、妊産婦等で、一般

15

避難所での生活はなじまない人が入る避難所で、福祉施設や福祉センター等が想定されています。

福祉施設の場合は、被災者でもある介護職員のサポートが、介護職員の配置がない福祉施設以外の場合は、被災者でもある家族のサポートが、災害時ボランティアには期待されています。

これまでの例をふまえると、福祉避難所には、行政機関を通して介護スタッフの派遣が想定されるため、災害時ボランティアの役割としては、その介護スタッフの派遣があるまでのつなぎを行うことになると想定されるところです。

❸その他必要とされる支援

避難所における活動だけでなく、例えば、**仮設住宅**や**在宅生活**を続けている被災者の支援、**コミュニティの再生**に向けた取り組みなどが考えられ、それぞれの役割が期待されるところです。

いずれにしても、介護福祉士が単独で動くものではなく、状況に応じて行政機関や関係他団体等との連携のなかで、取り組むことが重要です（**図2**）。

（2）災害発生後の　フェーズ等の考え方

災害発生後の時間の経過とフェーズ等による分類

災害が発生すると、突然の出来事に誰もが自分の周囲で何が起こっているのかを客観的に判断できなくなってしまう状況におちいります。その後、時間の経過とともに、状況が目まぐるしく変化し、段階的に復旧・復興へ向けた取り組みがみられるようになります。

フェーズや**ステージ**という言葉を聞いたことがあるでしょうか。

フェーズやステージは、「段階」や「局面」などを表す言葉で、物事の状態を表したいとき、または変化していく過程のひと区

図2 日本介護福祉士会作成によるボランティアマニュアル

介護福祉士災害支援
ボランティアマニュアル

平成28年4月　日本介護福祉士会

切りを表したいときに使われる言葉です。

　災害時においても、時間の経過に伴って変化する被災地や被災者の状況を、これらの言葉を用いて段階的に分類・整理しています。

　参考として、「宮城県災害時公衆衛生活動ガイドライン」におけるフェーズの分類を紹介します（**表3**）。

　介護福祉士が災害時に介護のボランティアとして被災地に入る場合、災害が発生してからどのくらいの時間が経過しており、フェーズに照らし合わせてどの段階になるかなどによって、活動内容は大きく変わってきます。

　また、**表3**では、フェーズごとに、どのような支援が求め

表3 「宮城県災害時公衆衛生活動ガイドライン」における
フェーズの分類

フェーズ	活動内容
フェーズ0 【初動体制の確立】 （24時間以内）	・被災者の安全確保、応急対策 ・要援護者への支援 ・情報収集と災害時公衆衛生活動方針の決定、保健活動計画の作成 ・通常業務の調整（中止・延期） ・被災者の健康管理・保健指導 ・安定ヨウ素剤の予防服用に係る支援 ・被ばくスクリーニング及び一次除染
フェーズ1 【緊急対策】 生命・安全の確保 （72時間以内）	・被災者の健康問題に応じた、保健・医療・福祉・介護関係派遣職員やボランティアの調整及び福祉避難所への移動の支援 ・避難生活における二次的な健康被害等の予防 ・在宅被災者の健康把握等の対応検討 ・被ばく医療活動
フェーズ2 【応急対策】 生活の安定、避難所対策 （概ね4日目から1、2週間）	・情報収集と災害時公衆衛生活動の方針決定 ・保健活動計画の見直し ・職員の健康管理体制の検討・実施
フェーズ3 【応急対策】 避難所から応急仮設住宅入居までの期間 （概ね1、2週間から1、2か月）	・通常業務再開 ・在宅被災者の健康状況に応じた公衆衛生活動の実施
フェーズ4 【復旧・復興対策】 応急仮設住宅対策や新しいコミュニティづくり等 （概ね1、2か月以降）	・保健・医療・福祉・介護関係職員やボランティアの撤退にむけた調整 ・応急仮設住宅（民間借り上げ住宅含む）入居者の健康状況の把握 ・応急仮設住宅でのコミュニティ支援（集団健康教育、集いの場の提供等） ・中長期保健活動方針の検討 ・災害時公衆衛生活動状況のまとめ

出典：『宮城県災害時公衆衛生活動ガイドライン』16頁、2013年4月を
　　　一部改変

られるかについてまとめられていますが、これが活動内容のすべてではありません。災害の種類や規模、状況によってその活動内容は変わると考えられます。

そのため介護福祉士は、どの段階からどの場所へ介護のボランティアとして入るのかなどについて、きちんと把握する必要があります。

（3）介護福祉士による災害時の 介護のボランティア活動

災害時の介護のボランティア

介護福祉士は、日本でただ一つの「介護」という名のついた国家資格です。

国家資格とは、一般に、国の法律にもとづいて、各種分野における個人の能力・知識が判定され、特定の職業へ従事することなどを証明するものです。介護福祉士にあっては、介護福祉にかかる専門的知識や技術等を備えていることが証明された者であり、ふだんから、その専門的知識や技術等をふまえた実践力を遺憾なく発揮することが求められています。

それでは、介護福祉士に求められる知識や能力、実践力とは、どのようなものなのでしょうか。

2017（平成29）年に公表された厚生労働省の社会保障審議会福祉部会福祉人材確保専門委員会の報告書「介護人材に求められる機能の明確化とキャリアパスの実現に向けて」では、介護福祉士が専門職として目指すべき目標といえる **「求められる介護福祉士像」** が示されています（**表4**）。

また、介護福祉士が日頃から介護現場で求められる介護福祉の実践力は、災害が発生したときには、きわめて有効だと考えられます。このことについては、上記の報告書のなかでも取り上げられているところです[5]。

介護福祉士は、どのような支援を行うにしても、本人の生活

表4 求められる介護福祉士像

① 尊厳と自立を支えるケアを実践する

② 専門職として自律的に介護過程の展開ができる

③ 身体的な支援だけでなく、心理的・社会的支援も展開できる

④ 介護ニーズの複雑化・多様化・高度化に対応し、本人や家族等のエンパワメントを重視した支援ができる

⑤ QOL（生活の質）の維持・向上の視点を持って、介護予防からリハビリテーション、看取りまで、対象者の状態の変化に対応できる

⑥ 地域の中で、施設・在宅にかかわらず、本人が望む生活を支えることができる

⑦ 関連領域の基本的なことを理解し、多職種協働によるチームケアを実践する

⑧ 本人や家族、チームに対するコミュニケーションや、的確な記録・記述ができる

⑨ 制度を理解しつつ、地域や社会のニーズに対応できる

⑩ 介護職の中で中核的な役割を担う

＋

高い倫理性の保持

の場である地域や集団とのかかわり、また、社会との関係性も含めたアセスメントが実践でき、先見性をもって本人の「生活」を見すえてかかわることは共通しています。

　そして、介護福祉士は、生活支援の専門職として、将来の生活を見すえた環境整備や身体介護、生活援助を行いながら、ほかの関係者等に対して、高い倫理性をもち、必要な情報提供（SBAR[※6]にもとづく報告など）をしていくことも役割になることを認識しなくてはなりません。

　ただし、災害支援における、フェーズごと等の介護福祉士が

※5「報告書」で取り上げられた内容…2017（平成29）年10月4日に公表された福祉人材確保専門委員会の報告書「介護人材に求められる機能の明確化とキャリアパスの実現に向けて」のなかで、介護福祉士に求められる能力について「通常の日常生活における支援だけでなく、災害時の支援にも有効なものであり、非常時における専門職としての役割の発揮も期待される」と記されている。

※6「SBAR」とは…Situation＝状況（患者の状態）、Background＝背景（臨床経過）、Assessment＝評価（何が問題か）、Recommendation＝提言（どうしたいのか）を組み合わせて報告する。また、最後に「お願いする（ask）」のも人間関係性において有効な手法である。

担う具体的な役割については、今後も検討・精査していくことが必要になります。

また、フェーズ０の前段階（フェーズ・マイナス）のあり方についても、今後、日本介護福祉士会が開催する「介護福祉士災害ボランティア基本研修」の場などで共有しておく必要があると考えます。そうすることが、平常時から災害時ボランティアに対応できる介護福祉士を育成・準備していくことにつながるからです。

人間の欲求に即した災害時の介護のボランティア活動

規模にもよりますが、災害時には、ふだんの当たり前の日常が一瞬で崩壊することがあります。そして、やってくる非日常がどんな形であれ、日常へと変化する過程があります。

この非日常に追いやられた段階から、それが日常へと移行する際の被災者本人のニーズを、**図３**に示した**マズローの欲求５段階説**に当てはめながら、介護福祉士による災害時の介護のボランティア活動を考えてみましょう。

❶生理的欲求・安全欲求

発災直後、避難所が開設され、各自の居場所が確保され、さらに避難所設備が整備されるまでには一定の時間が必要です。この段階は、被災者にとって、当たり前に存在していた日常と

図３ マズローの欲求５段階説

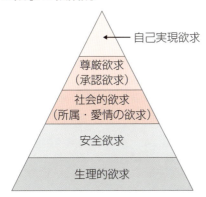

は遠くかけ離れた非日常でしかありません。

　この段階では、生命の危険が及びかねない場所から、より安全性の高い場所へ移動することで、まずは**生命の維持**を確保することが優先されます（＝「安全欲求」の確保）。

　それと同じくして、「生理的欲求」といわれる食事や排泄、睡眠を担保するという段階に入ります。

　この段階で災害時ボランティアが入ることは、タイミングとして現実的とはいえません。しかし、それでも、支援を行うことができるのであれば、一般避難所や福祉避難所といった**安全な場所への移動支援**をはじめ、実際に排泄や睡眠などの生理的欲求が満たされるような**環境因子の工夫**が必要となります。

　一般避難所であれば、その地域や場所のルールに沿いながら、無理には行わないことが前提です。ただし、実際には、自治体や一般避難所に集まった人々と相談しながら、介護が必要な人々や身辺に不自由がある人々（妊婦や幼児なども含む）を、トイレや水場に近い場所に配置できるように工夫するのも有効な手段の一つです。

　また、感染症対策としての環境整備も、スタンダードプリコーション※7を意識しながら同時進行で考える必要があります。

❷社会的欲求・尊厳欲求

　状況によりますが、避難所等において、最低限の基本的欲求が満たされ、一定の日数が経過すると、避難所等における非日常の生活が日常の生活へと変化していくことになります。

　この段階では、多職種と協働しながら、災害時ボランティアとしての活動を継続するなかで、生活不活発病※8の予防を視野に、動きやすい動線を確保したり、**パブリックスペースの設置を検討**したり、**コミュニティを再建**したり（＝「社会的欲求」

※7「**スタンダードプリコーション**」**とは**…「すべての患者の血液、体液（汗を除く）、分泌物、排泄物、粘膜、損傷した皮膚には感染の可能性がある」とみなし、患者や医療従事者による感染を予防するための予防策（標準予防策）のこと。感染症の有無を問わず、すべての患者を対象に実施される。

※8「**生活不活発病**」**とは**…安静状態が長期にわたって続くことにより、身体的には筋・骨の萎縮、関節拘縮など、精神的には意欲の減退や記憶力低下などが現れること。

の確保）、さらには避難所の中でもできるような**仕事や役割を創出**したり（＝「尊厳欲求」の確保）することなどが考えられます。

また、**公衆衛生の確保**と**二次感染の予防**は、並行して行う必要があります。

❸自己実現欲求

避難所等における生活が非日常から日常へと変化したとしても、その生活は、あるべき姿でないことは明らかです。そのため、一定の期間が経過すると、次に、自らが今後どうあるべきかを考えて活動することになると考えられます。

災害時ボランティアとしては、引き際も視野に入れながら、より現地の人たちが**生活の自立**に向かえるように、地元のサービス機関へボランティア活動が移行できるようにすること、また、復旧・復興に向けて具体的な相談ができるように各種窓口へつなぐことが求められます（＝「自己実現欲求」の確保）。

そして、災害時ボランティアの撤退調整や仮設住宅における健康状態の把握、精神的支援、コミュニティ支援などの段階にあっては、ボランティア側が主体的に行うのではなく、**住民優先の視点**で考察しながら、ボランティアが担ってきた役割を被災者側に移行していくことが必要です。

いずれにしても、災害ボランティアは、各自治体や保健福祉団体、ほかのボランティア団体、そして、何よりそこで生活する人々と相談しながら、自己決定を導くような**インフォームド・コオペレーション**（専門家による説明と、当事者の同意とにもとづいた協力体制）のもとに活動を行う必要があるということは忘れてはいけません。

災害時の自立支援の考え方

災害時の介護のボランティア活動において介護福祉士が忘れてはならないことは、**生活の主役は本人自身**であるということです。

日頃の介護現場においても、利用者自身をないがしろにして、その人が望まない介護を実践してしまうことはないでしょうか。その人にとってできない部分だけの情報を集めて、問題解決型の介護過程（思考過程）におちいってしまうと、**当事者不在の介護**になってしまいます。このことは、災害が起こったときでもまったく同じです。

　当事者中心（＝利用者主体）のかかわりをするということは、災害時ボランティアとして「何でもする」と同時に、「何もしない」こともときには必要です。このようなかかわりは、本当にただ被災地にいるだけという意味ではありません。インフォームド・コオペレーションを実践しながら、当事者である被災者自身が生活を送るなかでいろいろと選択できるような**自己決定を導き出すかかわり**をもつということです。そこから、その人自身の潜在能力も見えてきます。

　生活支援の専門職として、ともに生活を重ねる介護福祉士だからこそ、その人の潜在能力を引き出すかかわりが数多くもてるのです。

介護福祉士の連携先

　介護福祉士が災害支援を行う際の役割は、フェーズごとに異なることは述べましたが、実際の被災地では、**表5**であげるようないろいろな組織・団体が入り乱れています。個人として

表5 介護福祉士が連携を図る組織・団体の例
○ DMAT（「災害派遣医療チーム」：Disaster Medical Assistance Team）   ○ DWAT（「災害派遣福祉チーム」：Disaster Welfare Assistance Team）   ○ DCAT（「災害派遣福祉チーム」：Disaster Care Assistance Team）   ○ 現地における各自治体   ○ 現地の社会福祉協議会、ボランティア団体、老人福祉施設協議会や老人保健施設協会等の事業者団体

の介護福祉士は、それらのメンバーたちと一緒に連携してボランティア活動に取り組む必要があります。

　災害支援活動の場は、福祉避難所のほか、一般避難所、場合によっては、熊本地震のときのように、福祉施設や仮設住宅なども想定されます。それぞれの活動場所や役割に応じて、適切に連携を図ることが重要です。

　災害時は「平常時の顕在化」です。介護福祉士には、ふだんからその専門性をいかした介護福祉の実践が求められますが、災害時には特に自治体や多職種との連携が重要になります。そのことを再度認識できるようにしましょう。

　いつであっても、どこであっても、よりよい介護福祉の実践ができるように、専門職として日々の自己研鑽を継続していきましょう。

災害時ボランティアの活動からみえる介護福祉士の専門性

　これまで解説してきた介護福祉士による取り組みをふり返ると、災害時ボランティアの活動を通して、**介護福祉士の役割と専門性**がみえてきます（**表6**）。

　災害時ボランティアの活動の基本が**「被災地主体」「避難所主体」「被災者主体」**であることを決して忘れてはなりません。介護福祉士は、この活動の基本にもとづいて、専門性を発揮することが求められます。

表6 災害時ボランティアの活動からみえる介護福祉士の役割と専門性

○ 最後まで責任をもってかかわるのではなく、責任をもってかかわる人につなぐ
○ 自立支援の視点でかかわる（できる限り、できることはやってもらう）
○ 互助・共助の文化がなければ、その文化を醸成する
○ 社会資源がなければ、社会資源を構築するかかわりをもつ
○ 介護を通して獲得した情報を関係者に提供する

4 災害時の介護のボランティア活動を円滑に行うための事前調整

この項目では……

▶ 介護福祉士は、派遣を要請されたとき、組織・団体の一員として災害時の介護のボランティア活動をすることを理解します。

▶ 現地災害対策本部長、コーディネーター、ボランティア受け入れ担当者の役割について学びます。

組織・団体の一員として災害時の介護のボランティア活動に取り組む意味

　避難所で飛び込み的にボランティア活動を行おうとしても、避難者保護の観点から、所属不明な人は避難所に入ることはできません。

　発災直後の避難所には行政機関だけでなく、各種支援団体などが入り込むため、非常に混乱しています。一般的には、避難所には管理者が配置され、その管理者のもとで避難所は運営されることになります。それでも、秩序立った支援が行われるまでには、一定の期間が必要であり、それまでは混乱を助長するような動きは控えなければいけません。

　だからこそ、被災地で災害時の介護のボランティア活動を行うにあたっては、行政機関から正式に要請された組織・団体の一員として、秩序立った活動をすることが必要になるのです（図4）。

　また、避難者の生活の継続や、復旧・復興への道筋をつくる役割は行政機関が中心となることが想定されます。そのため、介護分野の災害時ボランティアは、「生活者である避難者が適

図4 被災地における支援のしくみ

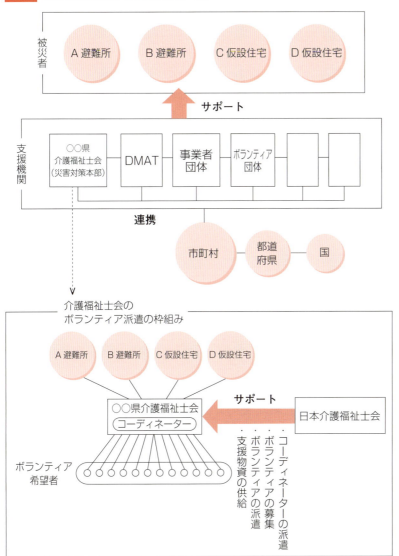

　切に復旧・復興に向けた歩みを進めるための支援」だけでなく、「行政機関が適切に復旧・復興に向けた歩みを進めるための支援」を行うことも重要です。

　そこでは客観的な視点が重要であり、その実践のためにも自己覚知が必要であることはいうまでもありません。自分が思うままに活動を行ってしまっては、自己満足の活動におちいるだけです。

実際に、縄張り争いと受け取られるような活動も、ときに現地で目にすることもあります。そうした活動は、被災地、避難所、被災者にとって、迷惑以外のなにものでもありません。

災害時ボランティアは、支援の基本が「被災地主体」「避難所主体」「被災者主体」であることを決して忘れてはなりません。

現地災害対策本部の役割

現地災害対策本部とは、災害時ボランティアの活動拠点という位置づけの機関です。現地災害対策本部には、少なくとも、現地災害対策本部長とコーディネーターが配置されることとなります。

現地災害対策本部長には、**表7**のような役割があります。

災害時ボランティアの活動に参加するにあたっては、被災地の求めに応じた形での派遣が鉄則です。

そこで、コーディネーターは、避難所等からの要請をふまえて、派遣人数等を調整します。その際、ボランティア個人が参加したい日程と、被災地の人的ニーズとは必ずしも一致しないことがあることを理解しておく必要があります。

日本介護福祉士会では、派遣の対象先は、行政等からの正式な派遣要請があった避難所等としています。そのため、派遣要請のない避難所等には、ボランティアを派遣することはできません。

ただし、その避難所等が真に支援が必要と判断される場合は、その状況を行政等に訴え、ボランティアに入れるよう調整することも重要になります。そうした調整的な役割を果たすのも

表7 現地災害対策本部長の役割

① 高いレベルで行政機関と連携することで、刻々と移り変わる避難所の状況や支援の実施状況などの情報を入手する
② 多職種連携で行われる各種活動のあり方について議論に参画する
③ 災害時ボランティアの派遣にあたっての各種判断を行う

表8	コーディネーターの役割

① 避難所等の状況や、災害時ボランティアに求められている役割・留意事項等について、事前の説明を行う

② 活動を終えたボランティアから報告を受ける

③ 活動を終えたボランティアから感想を聞く

④ 活動を通して刻み込まれた思いや、心の傷を受け止める（デブリーフィング[9]のサポート）

コーディネーターです（**表8**）。

　また、局所的に手厚い支援となったり、日々の支援内容が大きく変動したりする活動は、継続性という視点からふさわしいものではありません。そのため、コーディネーターはそのような状況をつくらないようにする調整も行います。

支援先の指示命令系統

　受け入れの窓口がどこまで機能しているかは別として、基本的に、避難所等にはボランティアの受け入れ担当者がいます。ボランティアの受け入れ担当者は、その日に受け入れるボランティアをどう配置するか、どう活用するかといったことをコーディネートする機能をもちます。

　受け入れ担当者がいないところには、ボランティアは入れません。前述のコーディネーターは、事前に、受け入れ担当者とボランティアに入る際の調整を行っています。

　実際に現地に入って活動する前に、コーディネーターからブリーフィング（簡単な状況説明・報告）が行われることがあります。

　コーディネーターは避難所等を巡回し、情報収集をしていますが、避難所等の状況は日々刻々と変わっていきます。そのため、ブリーフィングで提供される情報が常に最新のものとは限りませんし、避難所等の管理者などから指示される活動内容が、

※9「デブリーフィング」とは…災害に遭うなどのつらい経験をした後で、それについて詳しく話し、つらさを克服する手法。

コーディネーターから指示される活動内容と異なる場合も想定されます。

その際にボランティアは、避難所等の管理者などの指示に従い、活動終了後にコーディネーターに対して、活動内容が変更された旨の情報を報告し、共有するようにします。

なお、ボランティアとして指示された活動内容の範囲を超えた活動をすることがあってはいけません。活動を通していろいろな気づきがあると思います。そうした気づきのなかには、その場で改善できることがあるかもしれません。しかし、避難所等の運営は管理者のもとで行われていますので、ボランティア独自の判断が行える範囲は限られます。

管理者等の運営側の理解を得たうえで改善を図ることが基本的なルールとなります。ボランティア独自の判断で改善を行おうとすることで、かえって混乱をもたらすことも少なくありません。

また、発災直後の避難所等は、管理者も被災者であることが多く、特に混乱している時期となります。そのため、管理者等が避難者の不満や不安を把握していても、その対応に手が回っていないことが多々あります。そのようななか、ボランティアが避難者の不満や不安に安易に同調することは、避難者の不満や不安をあおるだけでなく、避難所等をさらなる混乱におとしいれることにもなりますので、留意が必要です。

情報共有の限界

避難所で行われる支援は、団体ごと、避難所ごとに備えられた活動記録ノートなどに記録しておく必要があります。

ただし、避難所で生活する人は日々変わり、ときに受け入れ担当者も変わるため、活動記録ノートも参考にしかならない場合も少なくありません。

また、コーディネーターは、基本状況の提供はできても、詳細な情報の提供ができないことが想定されます。そうした状況

をふまえながら、与えられた範囲のなかで臨機応変な対応がボランティアには求められます。

5 災害時ボランティアの心構え

この項目では……

▶ 災害が発生する前の準備段階のほか、発災以降、介護福祉士が介護のボランティアとして活動する流れをイメージします。

▶ 介護福祉士が、災害時に介護のボランティアとして活動するにあたっての心構えを学びます。

災害時の介護のボランティア活動の流れ（イメージ）

　これまで、災害時に介護のボランティアが求められる理由をふまえ、介護福祉士がどのような場所で、どのような時期に、どのような活動に取り組むのか、また、活動を円滑に行うためにどのような事前調整が必要なのかなどをみてきました。

　ここでは、一人の介護福祉士が、災害時の介護のボランティア活動を実際に行う際の基本的な流れを整理します（**図5**）。

災害時ボランティアとしての心構え

　「災害時の介護のボランティア活動」の締めくくりとして、災害時ボランティアとして活動するにあたっての心構えを紹介します（**表9**）。

❶自分自身の自立

　災害時ボランティアに入るときは、自分自身で事前に現地の状況把握をしたうえで、状況や時期に合わせ、必需品を確認・調達します（**表10**）。

　一般的には、食料品のほか、活動に必要な物品、場合によっ

図5　災害時の介護のボランティア活動の流れ（イメージ）

災害ボランティア基本研修の受講とボランティア登録
　・研修受講による災害時ボランティアの基本の修得
　・災害時ボランティアとして都道府県介護福祉士会に登録

↓

発　災

↓

都道府県介護福祉士会等からの災害時ボランティアとしての参加要請連絡
　・電話やメールによる参加要請連絡
　・ホームページやfacebookによる参加要請

↓

現地災害対策本部に連絡・調整
　・ボランティアとして活動できるかなどの確認
　　（ボランティアニーズの確認、活動可能な日程の調整等）

↓

災害時ボランティアとして現地入りするための準備
　・ボランティア活動保険への加入
　・職場の承認
　・交通手段の確保
　・宿泊先の確保
　・必要物品の確保（自活のための必要物品や身分証明書等）

↓

現地入り
　・現地でのオリエンテーション

↓

実際の介護のボランティア活動
　・日々の活動記録等の作成
　・コーディネーターとの情報共有

↓

活動終了報告
　・活動報告書の作成・提出等

表9　災害時ボランティアとしての心構え

① 自分自身の自立	⑤ 考えた行動
② 状況を知る	⑥ 健康管理
③ 意思の疎通	⑦ 保険の加入
④ 意思の尊重	

表10	ボランティア個人が確保する必要物品の例
服　装	●動きやすい服装（防寒と通気性のよい素材のもの） ●厚めの靴底で防水性に富むもの ●内履き、帽子、寒暖調節のできる上着 ●着替え（下着や入浴介助服など）は余裕のある数 ●軍手　　など
携行品	●活動時携帯用袋（リュックタイプやウエストポーチなど） ●携帯電話（スマートフォン、フィーチャーフォン）、充電器 ●名札や腕章、ゼッケン ●現金、小銭 ●雨具、折りたたみ傘 ●懐中電灯、携帯ラジオ、電池、ゴミ袋　　など
食料品	●飲料水 ●非常食（栄養補助食品、チョコレート、キシリトールガム、飴など）　　など
生活品	●タオル、ティッシュペーパー、ウエットティッシュ ●洗濯用洗剤、洗濯ロープ、洗濯バサミ ●洗面用具、救急用品（感冒薬、うがい薬、各種ビタミン剤、下痢止め、整腸剤、痛み止め薬、傷薬、絆創膏、ガーゼ、テープなど）　　など ※常備薬はふだん飲み慣れたもの
その他	●身分証明書（日本介護福祉士会会員証） ●保険証写し ●筆記用具、メモ帳 ●ディスポーザブル（使い捨て）用品（手袋、マスクなど） ●携帯用の手指消毒薬 ●地図、娯楽用品　　など

※災害の種類、季節、気候、活動先により、必要なものを追加および変更する必要があります。

ては宿泊用テントや寝袋などは自分で確保し、自活できるように準備します。人任せの準備では、自分自身にとって本当に必要なものを忘れてしまうことにつながりかねません。

　長期間のボランティア活動になる場合、自身のストレスコーピングにつながるような趣味や娯楽用品も、活動の支障にならない程度での持参がときには必要となるでしょう。

　災害の種類によっては、インフラストラクチャー（道路・鉄

道・港湾や学校・病院・公園などの施設）の残存状況や整備状況も異なります。必要物品の準備にも影響することに留意する必要があります。

なお、事前に現地の活動団体等を決めることになると思いますので、その活動団体等から一定の情報を得ることは可能ですし、その情報の入手自体はきわめて重要です。しかし、現地の活動団体等からの情報提供に頼りきるのではなく、できる限り自分自身で情報収集を行うようにしましょう。

最後に、ボランティア活動の現場に行く手段だけでなく、帰りの手段、そして活動中の交通・移動手段、連絡方法の確認も重ねて重要です。

❷状況を知る

通常、ボランティアは現地の活動団体等に参加し、オリエンテーションを受けることになります。このことは、詳しい現地の状況を知ることにも、自分の活動内容や役割を確認することにもつながります。

ボランティアセンターや介護福祉士会の現地対策本部だけではなく、さまざまな団体等とのかかわりのなかで、さまざまな情報を入手することになりますが、その情報のすべてが正しいものとは限りません。

一つひとつの情報に振り回されることなく、客観的な視点で、情報が錯綜する実態を含めて、全体で理解することが必要です。そうすることでしか、実際の被災地や避難所、避難者の状況を正しく理解することはできません。

❸意思の疎通

どのような状況であれ、相手の気持ちを大切にし、尊重する気持ちをもって意思の疎通を図るように心がけます。

被災地では、被害を受けた人が「被災者」という名のもとに一括されることに抵抗を感じる人もいます。大前提として、望まずして災害をこうむったということ、ひいては、本来ボランティアを受けること自体、心地よいものではないということを意識しましょう。

「主体は、あくまでも現地の人々にある」ということを念頭におき、公平性を保ちつつ、十把一絡げの対応になることなく、個別性をもって、なおかつ、さりげなく生活支援を通じて意思の疎通を図りましょう。

❹意思の尊重

災害時の介護のボランティア活動は、被災者の生活を支援することを目的に行われます。活動は、「○○してあげる」といった押しつけがましいものでなく、被災者の意思を尊重したものでなければなりません。

積極的な取り組みとお節介との違いについて、自立（律）支援のプロフェッショナルとして見極め、「かゆいところに手が届く」ではなく、「かゆいときに手が届く」を意識しましょう。

❺考えた行動

ボランティアとしてできること、できないこと、してはならないことを考えて、無理のない活動をすることが必要です。活動自体が被災者の自立を阻害したり、自らが危険におちいったりしないよう心がけます。

ボランティア自身が危険におちいり、二次災害を引き起こしてしまっては本末転倒です。「まずは自分の身を守ってこそ」と考え、事前にどこまで活動するかを考えていくことが重要です。加えて、自立の阻害にならないように「④意思の尊重」を意識し、ボランティアが人的環境促進因子になるように心がけましょう。

❻健康管理

けがや病気、事故に十分注意するとともに、過労や睡眠不足にならないように健康管理に注意します。

避難所等は感染しやすい環境となりがちです。スタンダードプリコーションの実践を心がけ、同時に避難所の衛生管理に努めましょう。

❼保険の加入

事故に備えて、ボランティア活動保険に加入しておくことも大切です。

3

介護福祉士の専門性を
いかした災害時の介護の
ボランティア活動

1 | 一人ひとりの介護福祉士による取り組み

この項目では……

▶ 一人ひとりの介護福祉士が、どのような場所で、どのような時期に、何を目的として、どのような介護のボランティア活動をしたのかについて学びます。

▶ 具体的な活動内容を「求められる介護福祉士像」に照らし合わせて、介護福祉士の専門性や仕事の魅力について考えます。

ケース1

求められる介護福祉士像 ▶ ▶ ▶ ①⑤⑧

避難所で介護福祉士にできる支援

熊本県介護福祉士会：榮田理恵子

地震発生から1週間の状況

　夜が明けると、まるで映画のような光景が目の前に広がっていました。

　震度7の地震に2回襲われた熊本県益城町。家々がつぶれ、道路は破壊されて大渋滞、電線は切れ、水道管も壊れ、ライフラインは寸断、復旧の見通しは立たない状態でした。

　幸い熊本は地下水が豊富なので、毎日水をくみに行き、確保しました。しかし、仕事終わりでは炊き出しにも間に合わず、開いている店もないために、夕食抜きのときもありました。

　やっと再開した温泉は長蛇の列であきらめるしかなく、入浴ができたのは最初の地震発生から1週間後でした。

　こうした状況のなか、度重なる余震は本震の恐怖をよみがえらせ、「生きるか死ぬか」という気持ちを抱えた日々でした。

私の家も住める状況ではなく、両親は避難所、私は車中泊という生活を選択しました。

介護福祉士だからできること

　初めて避難所の現状を見て感じたことは、高齢者がただじっとしているという現実でした。「ここにいる介護福祉士は私だけかもしれない」という使命感のもと、できる限り尽力しました。

　避難所で、介護の専門家としての役割の大きさを感じる出来事がありました。

　地震で左上腕を骨折した高齢者なのですが、その人は、ペットボトルを開けることができません。また、一人では立ち上がることができず、トイレにも行けないため、水を飲むことをあきらめていました。

　そこで、水を飲みやすくするため、ストロー付きのキャップを友人に用意してもらい、ペットボトルに取り付けました。また、立ち上がり動作に関しては、避難所の低い椅子を代用して、一人で立ち上がれるように支援しました。このことが、その人の自立につながったのです。

> **求められる介護福祉士像**
> ①尊厳と自立を支えるケアを実践する
> ⑤QOL（生活の質）の維持・向上の視点を持って、介護予防からリハビリテーション、看取りまで、対象者の状態の変化に対応できる

　「そんなこと、家族がすればいいじゃないか」と思われるかもしれませんが、昼間の避難所は多くの人々が家の片づけや仕事で出払っており、残っているのは高齢者と子どもが大多数です。

　避難所にいる人たちは慣れない生活のなかで、生きることに誰もが必死です。それがわかっている高齢者は、家族に何も言わず我慢するのです。

　だからこそ、介護福祉士は、コミュニケーションなどを通じて、高齢者や家族の思いをくみ取ることが大切になります。そうして聞き取った情報のなかから、介護の専門家として見えてくる課題があり、その課題を解決することに大きな意味があると感じました。

> **求められる介護福祉士像**
> ⑧本人や家族、チームに対するコミュニケーションや、的確な記録・記述ができる

ケース1 を読み解く

被害の最も大きかった地域での活動

　榮田さんは、自身が被災しているにもかかわらず、職場と避難所を行き来しながらボランティア活動を行っていました。

　活動の場所は、被害の最も大きかった地域の一つである益城町の避難所。そこは、道路事情等の関係で、コーディネーターが当初入り込めなかった場所でした。

　そのため、状況を把握するのにも困難が予想されたのですが、榮田さんがそこにいてくれたおかげで、熊本県介護福祉士会の現地対策本部としては、リアルタイムに情報を収集することができたのです。

介護福祉士の専門性をいかした提案

　榮田さんの具体的な取り組みを見てみましょう。彼女の提案にもとづく取り組みは、まさに介護福祉士の専門性をいかしたものばかりでした。

　ケース1 の本文中では、①ペットボトルの水を飲みやすくするための「ストロー付きキャップ」、②立ち上がり動作をしやすくするための台となるもの（避難所の低い椅子を代用）などの工夫が紹介されています。

　実際には、これ以外にもさまざまな取り組みがなされていました。例えば、砂ぼこりが吹き込むなどして、避難所内は不衛生な状況下にありました。そのため、避難所の衛生面を確保するとともに、避難者が自立的な活動を行えるようにすることを目的として、清掃道具を用意するようにはたらきかけました。

　この取り組みは、避難所の環境整備について、介護福祉士の視点から提案したものであるといえます。

　また、避難に際して、自宅に杖を置き忘れてきた人がいました。

避難所でそれを見た周囲の人が傘を代用することを思いつきました。しかし、傘は折れやすく、すべりやすいため、杖として使用するのはとても危険であると感じ、杖の必要性を訴えました。

これは、現状から予測されるリスクに対応した取り組みです。

災害時に介護のボランティアとして活動する介護福祉士には、「予見・予測することができる能力」「自立支援の視点からのアプローチ」「傾聴の姿勢」などが求められます。

コラム

ボランティア活動をはじめるための情報収集

愛知県介護福祉士会：玉置　恵

2016（平成28）年4月14日、熊本地震が発生しました。すぐにでも駆けつけたい思いはあったものの、諸事情により実現できたのは6月初旬。

当時は介護福祉士会には未入会だったため、どこにどのような形で短期間の介護ボランティアが可能か、事前にかなりの勢いで情報を収集しました。その結果、思いが叶い、介護福祉士会の災害救援ボランティア派遣に行きつき、事務局と何度かやりとりをして、6月2日、ついに熊本入りを果たしました。

熊本の知人に各地の被害状況を案内してもらった後、熊本県庁へ向かいました。県庁敷地内の古い建物で、全国から集まった、たくましいボランティアたちとともに語り、床に段ボールを敷いて、寝袋の中で朝を迎えたことは忘れ難い思い出です。どんな所でも眠れる自分の特技が大いに役立ったと感じました。

ケース2

求められる介護福祉士像 ▶▶▶ ①②⑧

「避難所」という場所の環境をどう整えるか

鳥取県介護福祉士会：米原あき

避難所における環境整備

　避難所に指定された鳥取県湯梨浜町の老人福祉センターで、2回、夜間帯に災害時の介護のボランティアとして活動しました。

　1回目（地震発生2日目）の活動では、老人福祉センターの避難者人数は31名。そのうち要介護高齢者（要支援1から要介護4）は6名いました。この6名に対する支援内容は、主に排泄の介護と食事の見守りでした。

　ただ、1回目の活動の際に目にしたのですが、避難者が一つの部屋にぎっしりと集まって生活しているため、夜間帯にたびたび目を覚まし、そのまま眠れずに起きている人がいました。要介護度の重い人が追いやられ、隅の方で寝るしかない環境でもありました。

求められる介護福祉士像
①尊厳と自立を支えるケアを実践する

　そのため、避難者のうち要介護者がどこで寝るのか、介護福祉士2名で相談し、トイレに行きやすい場所に寝てもらうことにしました。

　元気な避難者に就寝前に寝場所の調整をしたいと説明し、納得してもらったうえで寝場所を交代してもらいました。この調整に関しては、介護を必要とする人のニーズ把握やマネジメント力を要することから、専門職でないと難しいだろうと感じた場面でした。

求められる介護福祉士像
②専門職として自律的に介護過程の展開ができる

　また、障害者用トイレの環境整備と衛生管理の視点から、ゴミを入れやすいような工夫のほか、床が濡れたら拭くなど、環境づくりにも努めました。

避難所という環境での排泄の介護

　排泄については、夜間帯もトイレで排泄する人が多く、おむつ（リハビリテーションパンツやパッド）を使用している人は3名いました。そのうち1名に夜間帯の便の失敗があり、翌朝おむつを交換しました。家では尿失禁がある人（家族による情報）は、気が張っていたのか失禁はみられませんでした。

　夜間帯であり、自宅と環境が違うため、転倒に気をつけながらトイレへの誘導と一部介助を行いました。

　車いすを利用している人が1名おり、床からの立ち上がりが困難でしたが、2名の介護福祉士で協力しながら移乗の介助を行いました。車いすの利用者には家族（嫁）が付き添っていましたが、夜間帯の介助は介護福祉士が引き受けることを伝え、家族が睡眠をとれるようにすることを説明しました。朝を迎えると家族から「ありがとうございました」と感謝の言葉がありました。

求められる介護福祉士像
⑧本人や家族、チームに対するコミュニケーションや、的確な記録・記述ができる

　食事に関しては、配給された弁当を被災者一人ずつに配り、水分をこまめにとってもらい、食事の見守りを行いました。

時間経過に伴う支援内容の変化

　2回目（地震発生8日目）のボランティア活動では避難者が3名に減り、要介護者は不在。支援内容は、主に食事の提供と、話し相手になることでした。

　3名の避難者とは、介護福祉士と保健師で会話をして過ごしました。話を聞くと、「一人で家に帰って過ごすのは不安」「センターで過ごすほうが、人がいるし、気持ちが安らぐ」とのことでした。

　このように、時間の経過とともに、避難者の人数や状態像も変わっていきました。それに伴って、一人ひとりのニーズや支援内容もおのずと変わりました。

ケース 2 を読み解く

避難所の状況

　鳥取県湯梨浜町からは、発災当日に介護福祉士の派遣要請を受け、翌日から避難所に指定された老人福祉センター（福祉避難所と一般避難所の区別なし）において支援を実施しました。

　この避難所では、日頃は在宅で生活をしている人々であっても、生活環境が変わることで、一つひとつの日常生活行為に支障が生じることに対する支援等が求められました。

　実際に、支援を要する人は若干名でしたが、行政からの派遣要請は強いものでした。

　避難者の多くは、自宅が崩壊しているわけではないため、帰宅の見通しはついていたものの、度重なる余震に対する恐怖心が避難所に足を運ばせており、避難所の人数は増減をくり返していました。

介護福祉士がもつことのできる視点

　避難所では、住民同士が支え合う様子もみられましたが、住民に、介護の専門職と同様の気づきが必ずしも期待できるわけではありません。米原さんの報告に記載されている占有スペースの交代は、介護の専門職だからこそ気づくことができた実践例であるといえます。

　ただし、占有スペースの交替はコミュニティの和を乱す可能性を秘めています。コミュニティを乱さぬようにヒエラルキーを残し、避難所の管理者を交え、慎重に相談に対応することが重要です。

　というのも、気づきをふまえ、避難所の管理者である行政職員に状況を説明し、改善案を提案し、了解を得て生活スペース内での調整までを担ったというのが実態でした。

　また、避難所生活を余儀なくしている人は、ふだんは在宅で生活をしている人です。そのことを考えると、少ないながらの情報をも

とに、その時その時の状況をアセスメントし、本当に必要なときだけ、支援の手を伸ばす支援を徹底するということも、介護の専門職ならではの対応であると考えます。

さらに、支援が必要な人への介助を家族が行っている場面に遭遇した介護福祉士が、より身体に負担がかからない車いすへの移乗方法を家族に対してアドバイスしていた様子が見受けられました。在宅生活を支える家族への指導もまた、介護福祉士の専門性です。

介護福祉士が避難所で支援を行う価値

悲惨な状況のなかで、あたふたと対応することだけが、災害時の支援ではありません。災害時であっても、継続する生活をできる限り支えるのが介護福祉士です。

実際に、住民の安心・安全を確保する責務を負う行政こそ、発災直後の避難所における介護福祉士の支援活動を必要としていました。

ケース3

求められる介護福祉士像 ▶▶▶ ③⑦⑧

自分たちに何ができるのかを考える

北海道介護福祉士会：神門経之

被災者の精神的なケア

　私は、2016（平成28）年5月5日から18日まで、災害時ボランティアとして、熊本県の南阿蘇村・益城町・西原村において、瓦礫撤去・資材搬入等の作業から、福祉避難所の要介護者の介護まで、さまざまな経験をすることができました。

　なかでも、西原村構造改善センターを避難所として開設した初日からかかわれたことは、大変印象深い体験でした。

　派遣初日、避難所に来た被災者の一人ひとりに聞き取りを行い、被災者名簿を作成しましたが、生粋の熊本弁はなかなかわからず、何度も聞き返しながら、北海道出身の私は文化の違いを感じました。

　被災者は一見すると、状態がよく、要介護度も比較的軽いように思われました。身体的な部分というよりも、災害の場合、精神面でのケアが大変重要になります。避難してきた人のなかに、軽度の認知症か精神疾患があると思われる人がいました。この人は環境の変化に適応できず、興奮状態にあり、感情失禁がみられ、その場で卒倒して救急搬送になったという場面にも遭遇しました。

　被災したみなさんは、常に笑顔で「ありがとう」と声をかけてくれます。その言葉が私たちの心を豊かにしてくれました。

　しかし、その反面、不安や葛藤、慣れない環境での生活、家族を亡くした悲しみなど、さまざまな感情が錯綜しています。ちょっとした感情のすれ違いで口論が起きることもあります。何もできなくても介護福祉士から話しかけ、心の訴えを聞くことも重要だと感じました。

　これからに向かってがんばっている被災したみなさんの姿

求められる介護福祉士像
③身体的な支援だけでなく、心理的・社会的支援も展開できる

求められる介護福祉士像
⑧本人や家族、チームに対するコミュニケーションや、的確な記録・記述ができる

に、人間の強さや弱さを感じつつ、真のかかわりがこの空間にはあると感じました。

　また、支援する側も「こうしてください」「こうしますよ」といったマニュアルどおりの手法や形だけを取り入れようとしたところで、人の気持ちをくみ取ることができなければ、かえって混乱や反感を助長し、いとも簡単にコミュニティが崩壊するということも知ることができました。

真の人間関係、真の多職種連携

　毎日が出会いの連続でもありました。

　「自分に何かできることはないか」という一つの目的をもって、避難所には全国から多くの専門職が集まっていました。専門領域は違っていても、互いに言葉をかけ合い、一緒に考え、知恵を出し合い、問題を改善する場面が多くありました。報告・連絡・相談のしくみが自然発生的に生まれて、気がつくと、みんなが手をしっかりと握りながら一つの目的に向かって歩んでいました。

　私は、この体験から、一人ひとりが一生懸命、ただひたすらに自分たちに何ができるのかを考えることで、真の人間関係、真の多職種連携が図れると確信しました。

　私は自分が介護福祉士として、生活を支援する者としてボランティア活動に参加したことで、介護や生活の本質、「生きること・活きること」の本質を考えられるようになりました。改めて介護福祉士であることを誇りに思える貴重な体験でした。

求められる介護福祉士像
⑦関連領域の基本的なことを理解し、多職種協働によるチームケアを実践する

| ケース 3 | を読み解く |

コミュニケーション力

　方言は重要です。「土地の者の支援は受けても、よそ者の支援は受けない！」というような考えの人もいます。

　言葉もわからなければ、土地勘もないとなると、関係性を構築するのに大きな障害になる可能性があります。それでも、とりとめのない話や、真摯な対応を通じて関係性を構築するのが介護福祉士です。

　介護福祉の専門性に基づくコミュニケーション能力は、発災直後の緊急を要する介入段階では、特に必要とされる力です。

　とはいえ、緊急時対応を脱した段階の支援では、できるだけ地元の専門職が、住民と一緒にコミュニティづくりにかかわっていくのが望ましいことはいうまでもありません。

手を出し過ぎてはだめ

　西原村構造改善センターでは、介護福祉士のほか、近隣の行政機関からの応援部隊、医療職、一般ボランティアなどが支援に入っていました。

　そのなかで、避難所開設から2週間程度が経過した段階で、避難所運営側から、支援が必要な人に対する支援方針が出されました。その内容は、「ふだんは在宅生活を送っている人であるため、支援が途絶えた後、在宅生活に戻ることを意識し、支援しすぎることのないように！」というものでした。

　避難所で厳しい生活を余儀なくしている避難者に対して、「ともかく、必要なことをすべてやろう」とする支援者もいました。この支援方針は、そのような背景があるがゆえに、関係者一同で出したものでした。

「なじみの仲間といる」ということ

　この避難所は発災当初から開設されていたわけではありませんでした。当初は近くの福祉施設の通所部門のスペースにベッドを入れて、仮住まいとしていたのですが、その福祉施設が通所部門を再開させることになったため、改めて別の場所に設けられた避難所です。そのため、避難所を移動するにあたっては、避難者の一人ひとりに事情を説明し、了解をとりつけることが必要でした。

　しかし、いざ避難所を移動する際、それまで一緒に生活をしてきた人と離れることになることがわかったある高齢者は、新しい避難所に移ることを固辞し、新しい避難所でうずくまってしまい、どうにも動かないという事態におちいりました。

　梅雨前の炎天下で1時間。結果として、その高齢者は脱水症状で病院に運ばれることになりました。

　「こんな状況のなかで、○○さんと離れるなんていやだ」

　コミュニティで結ばれていることによる安心感。引き離されることに対する不安感。そんなことを感じさせられた出来事でした。

二次災害の遭遇を防ぐために

長崎県介護福祉士会：白仁田敏史

「まだ熊本に来たら危険です！　無理して来ないでください。今はみんなで避難しています。何とか生きて会いましょう！どのようなルートがあるのか、何が必要なのか連絡します」

被災したグループホームの施設長からLINEが入りました。

後日、俵山（たわらやま）トンネルは圧壊し、阿蘇大橋（あそおおはし）も崩落しているが、南阿蘇へは上益城（かみましき）・高森（たかもり）ルートで入れるというメールが、地図つきで送られてきました。

山肌は岩が露出し、崩落斜面のなか、大岩が行く手をはばむように点在していましたが、遮断（しゃだん）された南阿蘇のグループホームへ要請された物資を届けることができました。

一刻も早く現地入りしたい気持ちはわかりますが、十分な情報がないうちの無理な行動は、二次災害に遭遇する危険性があります。また、不必要な物資の運搬は現地に大きな迷惑をかけることになります。

ルート情報や、今必要な物資は何かを十分確認してからの行動が必要です。

通信施設の損壊や電源不足、安否確認等の電話が集中することによる輻輳（ふくそう）の発生などで、携帯電話や固定電話がつながりにくい状況が続きます。そのようななか、Twitter等のソーシャルメディアを通じた被災者自身の情報収集活動によって、迂回路の図や必要物資のリストなどが伝えられることが多くあります。

「連携ノート」の作成

鹿児島県介護福祉士会：福永宏子

　点ではなく線のかかわりをもつために、私たちは「連携ノート」を作成しました。

　熊本県にある嘉島総合体育館の避難所は、社会福祉協議会の地域包括支援センターの人がパイプ役でした。「連携ノート」には、継続的にフォローが必要な人に関する介護の必要性、コミュニケーションのとり方、ほかの専門職が介入して解決した内容などを記入し、次に来る活動員や他職種との連携が図れるようにしました。

　その他には、毎日10時と15時に体操を行いました。この体操は、理学療法士が今の生活状態に合わせた運動メニューを考えて行うものです。また、県外の社会福祉協議会の人は、自ら手遊びレクリエーションを行って、笑いを提供していました。

　このように、専門性をいかして協力をすることがとても重要だと、改めて感じました。

　「与えられた場面で何をするか？」。これは支援活動を行ううえで明確にすべき目的であると思います。「何かしてあげないと」とは違います。

　中心になる存在がなく混乱している状況でも、積極的にそれぞれの役割と自らの責任を理解しながら、連携を図ることが大切です。被災者の負担にならないようにボランティア活動を行うことも、専門職にとっての支援方法であると思います。

ケース 4

求められる介護福祉士像 ▶▶▶ ④ ⑧

他愛もない話をしながら一時を楽しむ

熊本県介護福祉士会：白石さゆり

茶話会の取り組み

「人はどんなにつらい状況にあっても、人の心にふれたとき、本来もっている優しさを取り戻す」

「まだ前へ進めない自分であっても、前向きに言葉を出すことで気持ちを整理し、前進していく」

震災後、ふれ合うことで感じたことでした。

仮設住宅の「みんなの家」で、軽食とお茶で他愛もない話をしながら一時を楽しむ茶話会に参加させていただきました。

当初は会話もぎこちなく遠慮ぎみでしたが、会を重ねるごとに参加者と顔見知りになり、自然と笑い声も聞こえ、大テーブルのあちらこちらで会話がはずんでいました。

前回茶話会で出したパール柑の皮をザボン漬け風に仕立ててみなさんにふるまったり、スケッチに描いた墨絵を披露したりするなど、個性が見えることも多くなっていきました。

会話のなかで、あえて震災についてはふれませんでしたが、ときどき自ら震災直後の様子を話されます。

「戦争の空襲のときは、上から降ってきたけど、今回はゴォーと地面の下から投下されたような感じで、暗闇の中で体験したことを思い出すのよね」

同じ話を違う場所の仮設住宅の人からも聞きました。

そして、その人は 1949（昭和 24）年に起こった、小学校の修学旅行での海難事故にもふれ、「そのとき、友人や恩師 24 名を亡くして、とてもつらかった。自分自身、命拾いをした。今回も知人を亡くしたけれど、私の命は助かった」と、複雑な思いをかみしめるかのように話しました。

真剣に話に聞き入っていると、その人の表情がふっと笑顔に

> **求められる介護福祉士像**
> ⑧本人や家族、チームに対するコミュニケーションや、的確な記録・記述ができる

戻り「元気だけん、がんばらんとね。あなたもがんばりなさい」と、逆に励まされ、私の食べ物や衣類の心配をしてくれ、その口ぶりは、孫を見る、ばあちゃんの顔でした。

赤いチェストが象徴するもの

　ある時、茶話会の片づけを終えて帰り支度をしていると、小雨が降りはじめました。木とプレハブの仮設住宅の外に、真新しく、おしゃれな赤いチェストが不自然に置いてありました。住人に声をかけて雨が降っていることを伝えると、「1DKで部屋が狭く、置く場所がない。室内に入れることができない」と、少しのぞくと部屋の大部分がベッドに埋めつくされていました。

　1か月後、その赤いチェストはぬれ縁の上に移動していました。

　震災から月日が経過し、少しずつですが、茶話会への参加人数が減ってきました。会話も変わり、次の住まいの手続きや自身の人生を見すえた終活としての住宅計画を語られます。まだまだこれからです。

　人が生きていくなかで、人とのかかわりは不可欠です。このかかわりを間違えないよう、人として、介護福祉士として過剰にならず、一人ひとりがもつ可能性を信じて、自分らしい生活を取り戻すことができるように支援していきたいと思っています。

> **求められる介護福祉士像**
> ④介護ニーズの複雑化・多様化・高度化に対応し、本人や家族等のエンパワメントを重視した支援ができる

　3か月後、あの赤いチェストは、もう外にはありませんでした。

ケース4 **を読み解く**

仮設住宅にひきこもらせない仕掛けづくり

白石さんは、現在、仮設住宅を巡回する支援チームの中核的存在として活動しています。白石さんが中核的に活動できる背景には、彼女の本業が独立型であるため、比較的動きやすいということがあげられます。

仮設住宅を巡回する目的は、そこで暮らす人たちをひきこもらせないことにあります。だからといって、強制的に仮設住宅の外へ引っ張り出すことがあってはなりません。あくまでもジワジワと、自ら外へ出て行くことができるように支援していくことが大切です。

そのための仕掛けとなったのが、「みんなの家」での茶話会です。ここが、仮設住宅で暮らす人たちにとって、心の内を包み隠さず話をすることができる場所となったのです。

一時的な暮らしの場での関係性の構築

震災をきっかけに、被災者は元来のコミュニティから離れざるを得ず、一時的ではあるにせよ、居場所を移すことになります。介護福祉士は専門職として、常に積極的な態度で地域の住民と接することが求められるわけですが、災害時においては、仮設住宅の中のコミュニティ構築をサポートする役割も担うことになります。

ただし、この役割は大変難しいものです。というのも、仮設住宅のエリア内で新たな関係性を構築したとしても、その関係性は永続的・持続的なものではありません。

なぜなら、仮設住宅で暮らす人たちは、互いにずっとそこに居続けるわけではないからです。復興のめどが立てばそこから退去しますし、「何年間」という入居年限が決められてもいます。

そのような状況のなかで、コミュニティ構築をサポートしていくことになるのです。

仮設住宅でのエリア内で息の長い支援をするためには、特別なも
よおしではなく、当たり前の暮らしに溶け込めるアプローチが必要
です。そのためには、大がかりなことはせず、心の内を包み隠さず
話せる場づくりを仕掛け、いずれはそこが自分たちだけで寄り合え
る場所になるようにサポートすることが望まれます。

　白石さんは、「『もう、あなたたち、来なくていいよ』と言われる
ことを目標にしたい」と言っていました。

　仮設住宅での暮らしが1年を過ぎると、一見物理的な環境が整
い、自立への暮らしが加速化されたように見えます。しかし、いま
だに水道水は自由に使えませんし、生き残ったことへの複雑な思い、
将来への不安などを抱えながら、非日常的な暮らしを強いられてい
る人たちはたくさんいます。私たちはこのような人たちの存在を忘
れてはいけません。

気持ちを切り替え、黒子に徹する

熊本県介護福祉士会：本田裕志

　当初、ボランティアの心得は知っていたつもりでしたが、施設周辺の状況を見ると倒壊した家屋等がたくさんあり、他団体のボランティアの人も活動しているなかで、「対象者に何かしなければいけない、助けてあげないといけない」との思いが強かったと思います。

　ふだんから当たり前と思っている傾聴は、何を話してよいのか、なんと声をかければよいかと考えると、声かけの言葉が見つかりませんでした。また、身体を動かした活動をしないと役に立っていない気になり、落ち込んだことを覚えています。

　ただ、施設の職員に「来てくれるだけで、ここにいてくれるだけで気持ちが楽になる」と言われたときはハッとしました。

　周りを見てみると、利用者はふだんと変わらない生活を送っています。職員は、自宅が被災して勤務先の施設に泊まっている人、自宅の片づけがあるものの仕事も大事だと言う人、ふだんの日常を提供するために、みなさんギリギリのところで踏ん張っているのだと気づかされました。

　そこからは気持ちを切り替え、黒子に徹して、そこに生活している人、従事している人の精神的・身体的負担が軽減できるように、要望を聞きながら対応することとしました。そのことで、気持ちのモヤモヤも消えていきました。

夜間のトイレ介助

岡山県介護福祉士会：甲加勇樹

　2016（平成28）年5月12日から16日までの期間、私は災害ボランティアに参加しました。

　初日の活動場所は、一般避難所である熊本県の益城町総合体育館でした。この避難所には5月時点で、まだ1500人もの人たちが避難していました。

　地震発生当初よりは環境も改善されていると言われていましたが、避難者同士の間仕切りもなく、トイレから2mも離れていない場所にいる人もいて、人が生活していくための環境が整っているとは言い難い状況でした。

　避難場所の管理をしている団体（YMCAや日本赤十字社）と連携し、夜間のトイレ介助が必要な人への対応と、急変者への対応が支援の内容となりました。

　午前0時頃になると人の行き来も少なくなり、ボランティア同士のやりとりの会話や少しの物音も、寝ている人への迷惑になると感じました。そのため、不必要な会話は避け、トイレの扉の開閉の音にも細心の注意を払うほどでした。

　そうしたなか、杖をついた男性がトイレに来ました。暗いなかを明かりも持たずに歩いていたため、声をかけると、「みんな休んでいるから、照らしたら申し訳ないし、杖の音もできるだけさせないように、ゆっくり来ました」と話しました。

　いろいろな制限がある生活のなかで、不満があっても、みんなが互いに配慮し合う思いやりの心を感じました。

　その男性の排泄動作は自立しており、トイレから居室への付き添いも心配ないとのことでしたが、廊下にも避難者が休んでおり、人がやっと行き交うぐらいの幅しかなかったため、途中まで付き添うこととしました。

　話し声は寝ている人にとって迷惑だと思い、途中は互いに何も話しませんでした。少し進んだところで、「もう、ここで大丈夫」と手で合図され、笑顔でお辞儀（じぎ）をしました。

ケース 5

求められる介護福祉士像 ▶▶▶ ③⑤⑩

ボランティアコーディネーターとして

熊本県介護福祉士会：高島麻子

全国各地からのボランティア依頼

　人生何があるかわかりません。ときにはまったく予想していなかったことが起きるものです。私にとって、2016（平成28）年4月14日がその日でした。

　その日の夜、熊本に大地震が起きました。この日から人生が変わったといっても過言ではありません。

　あの夜ほど恐怖を感じたことはありませんでした。一瞬何が起きたかわからず、ただただ恐怖におびえていました。恐怖心を抱えつつ、家族の無事を祈るばかりでした。

　二夜連続で恐怖におびえることになるとは、まったくの想定外。その後も激しい余震におびえながら、小さなわが子をひたすら守っていました。

　震災から1か月ほど経ち、少しずつ生活が落ち着き、自分のなかで「震災関連の仕事」につきたいと漠然と考え、縁があって日本介護福祉士会のボランティアコーディネーターを務めることとなりました。

求められる介護福祉士像

⑩介護職の中で中核的な役割を担う

　介護福祉士会の会員、または非会員でも、介護経験のある人が日本全国からボランティアを志願してきます。その日程等をコーディネートするのが私の役割です。

　全国各地の介護のボランティア志願者と被災地のニーズを的確に把握し、早急にマッチングを行うこと、また、行政や民間を問わない多様な機関・団体、多彩な専門職の人たちとのネットワーキングを築くことに努めました。

　毎日のように、全国各地からボランティアの依頼がきました。ボランティアに志願するみなさんには頭が下がる思いで調整を続けていました。

介護が必要な福祉避難所への夜勤のボランティアや、ひどい余震が続く地域でのボランティアなどがあり、宿泊先は避難所や会議室。寝袋を持参し、長い期間支援してくれる人も多かったと思います。

余暇活動の一環としての体操

どの避難所も行政が介入していましたが、各々で介入の度合いは異なっていました。特に介入が薄い一般避難所もあり、そこの避難者のほとんどは、段ボール部屋へひきこもっている状態でした。

暗い体育館内で、各家庭で段ボール部屋がつくられ、そこからほとんど出ることはなく、生活不活発病が危惧されました。どうにかそこから出てもらうきっかけがないかを検討しましたが、行政の介入は特に積極的になることもなく、以前と変わることはありませんでした。

そうした行政の介入が薄い避難所に対して介護福祉士会からの災害時のボランティア派遣を継続し、毎日の余暇活動の一環として、避難者とともに体操を行う支援を行いました。

支援開始当初は、ほとんどの避難者が部屋から出てこず、ときには1人や2人の避難者と体操を行う日もありました。震災により何らかの傷を抱えた避難者が多く、心を閉ざしている様子でした。

体操の支援とともに、心を閉ざした人たちへ「お話処」を設置し、いつでも話ができる環境をつくり、じっくりと話を傾聴することにしました。

しかし、継続して支援を行っていくうちに、少しずつ部屋から出てくる人数が増えていき、最終的にはその時間を楽しみにする避難者まで出てきて、にぎやかな活動となっていきました。支援が終了するころには、避難者自身で積極的に余暇活動を行うようにまでなりました。

震災で心身ともに疲弊しきった避難者への余暇活動の支援を

> **求められる介護福祉士像**
> ⑤QOL（生活の質）の維持・向上の視点を持って、介護予防からリハビリテーション、看取りまで、対象者の状態の変化に対応できる

> **求められる介護福祉士像**
> ③身体的な支援だけでなく、心理的・社会的支援も展開できる

通して、ボランティアの存在意義を強く感じるとともに、ボランティアコーディネーター冥利に尽きると感じた支援となりました。

介護福祉士の専門性をいかした災害時の介護のボランティア活動 **3**

ケース 5	を読み解く

ボランティアコーディネーターの機能と役割

　高島さんには、調整専門の人員として活動してもらい、重要な役割を果たしてもらいました。

　高島さんはたまたま以前の職歴から、行政文書を読むことができ、通知・通達の文書作成などのスキルももち合わせていました。これらの技術や能力は、コーディネートなどの事務機能を果たすためには必要なものだと再認しました。

　各団体で構成する支援チームの派遣スケジュールの調整、支援実施状況の取りまとめ、ボランティアの送迎、現地視察による状況確認、活動に必要な物品や飲水の調達・運搬、派遣要員がどうしても確保できないときはフォロー要員として支援に入るなど、ボランティアコーディネーターの役割は多岐にわたります。

　事務的にコーディネート作業をするのではなく、被災者や実際に活動しているボランティアの気持ちを察し、支援の方向性や問題意識などを共有し、調整役をすることが重要です。つまり、ボランティアコーディネーターには、きめ細やかで、現場に即した後方支援が求められます。

　被災地においては、混乱した情報を、関係者にただただメッセージ的に流すのではなく、整理（吟味）し、タイムリーに共有できるようにすることが大切です。そのためには、コーディネーターという間接的支援者が、全体を見通しながらバランスをとることが必要になります。直接支援者だけでは現場は成り立たないことを、このケースを通じて痛感しました。

被災者支援と傾聴の難しさ

熊本県介護福祉士会：本田裕志

　2016（平成28）年4月、熊本は震度7の地震に二度見舞われました。広範囲で建物が被害を受け、避難所にはたくさんの人が避難しました。そこで課題になるのは生活弱者といわれる人への支援です。

　地震発生後、日本介護福祉士会よりSNSで災害ボランティアの募集がありました。幸い自宅に大きな被害はなかったので、私は、少しでも役に立てればと思いボランティアに登録しました。

　すぐに被災した施設から支援の要請が日本介護福祉士会にあったそうですが、勤務先が被災しており、私はすぐに動けない状況でした。少し落ち着いた1週間後に勤務の休みを利用して、被災した特養へボランティアに入ることとなりました。

　支援対象者は要介護の人と、避難所から対応が難しいと判断された軽度認知症の人でした。主な支援内容は、施設の担当者と先にボランティアに入っていた県外の会員から申し送りを受けての対象者の見守りや傾聴でした。言葉を選び、声かけに迷いながら、思いを引き出し心に寄り添う姿勢で対応に努めましたが、劇的な環境の変化による混乱のなか、心を閉ざされている人には、ただただ行動を見守ることしかできず、無力さを感じました。

介護福祉士の専門性をいかした災害時の介護のボランティア活動 **3**

ケース6

求められる介護福祉士像 ▶▶▶③⑦⑧

避難所で、こころに不安を抱える人たち

新潟県介護福祉士会：宮　淑恵

「お話処」で話を聞く

　私は、2016（平成28）年5月26日に、日本介護福祉士会に「熊本地震における災害救援ボランティア」の申し込みを行い、6月11日午後から13日までの2日半、災害時の介護のボランティア活動をしました。

　6月11日から13日までの活動場所は、二つの避難所（11日は「アクアドームくまもと」、12日から13日は「嘉島町民体育館」）でした。

　以下、6月11日に活動した「アクアドームくまもと」での活動について述べます。

　6月11日現在、避難している人によれば、日中20人程度、夜60人程度が避難しているとのことでした。

　この日は、「お話処」の運営を行いました。「お話処」は、日本介護福祉士会が、行政等からの依頼を受けて運営しており、避難している人が、ストレスに思っていることなどをボランティアに自由に話せる場所です。開設時間は、10時から16時まで。この日は、午前・午後ともに高齢の人や、こころに不安をもった人が、4人来ていました。

　私は、「お話処」で話を聞くにあたって、傾聴や共感、バイステックの七つの原則（①個人としてとらえる。②話をする人の感情表出を大切にする。③話をする人を受容する。④話をする人の自己決定を尊重する。⑤話をする人の秘密を守る。⑥話を聞く人は、話をする人を一方的に非難しない。⑦話を聞く人は、自分の感情を自覚し、吟味をする。）を基本としながら話を聞きました。

　さらに、こころの状態（パニック状態や暴力行為、自殺のお

> **求められる介護福祉士像**
> ⑧本人や家族、チームに対するコミュニケーションや、的確な記録・記述ができる

63

それなど専門家に相談が必要か否か）や、服薬状態（薬の有無、きちんと服薬されているか否か）にも着目しながら話を聞きました。必要があれば、ほかの専門職への連絡・相談も視野に入れていました。

求められる介護福祉士像
⑦関連領域の基本的なことを理解し、多職種協働によるチームケアを実践する

話の内容は、今後の生活の不安や、避難所での慣れない集団生活に対する思いなどでしたが、私が感じたのは、そのような状況のなかでも、ボランティアに来た人への気遣いをしているということでした。

どの避難所にも、こころに不安を抱えている人たちがいるわけですから、このような「お話処」の設置は本当に必要であると感じました。そして、可能であれば、信頼関係が構築できるように、長い期間、同じ人がかかわることがよいのではないかと思いました。

求められる介護福祉士像
③身体的な支援だけでなく、心理的・社会的支援も展開できる

最後に、「寄り添い」「見守り」「関心をもっている」という姿勢をもつことも、大切であると感じました。他愛のない会話であっても、このような姿勢を介護福祉士がもつことで、相手は話がしやすくなると思います。

| ケース6 | を読み解く |

傾聴ボランティアを実施するに至った経緯

避難所もさまざまです。多くの支援団体が入る避難所もあれば、ほとんど支援団体が入らない避難所もあります。「アクアドームくまもと」は、ほとんど支援団体が入らない避難所の一つでした。

「アクアドームくまもと」がある地域は熊本市の南部に位置し、益城町と比較すれば大きな被害があったとはいいづらい地域であり、自宅はあるものの、余震への恐怖心から、なかなか自宅復帰が図れない人々が残っていたというのが実情でした。

特に、こころに不安をもち、訴えをくり返したり、相談相手を求めたりする避難者が少なくなかったことから、避難所の管理者である行政職員等も、さまざまな意味でサポートに苦慮していたという現状がありました。

そうした状況があるなかで、介護福祉士会は、そんな避難者を対象とした「お話処」を開設し、日々、一緒にお茶を飲みながら、訴えに耳を傾ける活動を行いました。

被災地における傾聴ボランティア

「お話処」での支援は、本当に他愛のない会話であり、「これが避難所支援の一類型か？」と疑問に思うボランティアもいました。事前にコーディネーターから経緯等の説明はしているものの、支援に入っているボランティアがイメージしている被災者支援の内容とかけ離れており、この支援の必要性の理解は難しい様子でした。

しかしながら、「お話処」に来る被災者と話をするうち、あるいは、コーディネーターや支援に入った仲間と話をするうちに、避難所における、こうした支援の必要性にも共感を得られていった様子です。

傾聴ボランティア活動の終結

「必ず話を聞いてくれる人がいる」。そのような安心感を与えることができたのは成果としてあげられますが、他方で、その安心感に依存する体質をつくってしまったという反省もあります。

徐々に避難所を離れる仲間が増えてくると、最後に残される人の不安が増幅していくのを実感しました。そうしたなか、避難所での活動を終わらせるにあたっては、かかわりをもった避難者に、「活動を終わらせる必要があること」「今後、たまに顔を出すようにするけれども、連日の支援に入ることはできないこと」を伝えました。そして、顔を出す頻度を落としながら、徐々に支援から手を引くという経過をとることとしました。これは、地元の介護福祉士会の機能があったからこそお願いできたことです。

いきなりの活動終結が、なじむ支援となじまない支援があります。当初からそのことを見極め、終結を見すえた支援を行う必要性を実感しています。

ケース7

求められる介護福祉士像 ▶▶▶②

学生たちによる災害時ボランティアの活動

九州中央リハビリテーション学院 介護福祉学科：野島謙一郎
ボランティアサークル クローバー 一同

　2016（平成28）年4月15日と17日、二度にわたる震度7の揺れに見舞われた熊本地方。この地震後、九州中央リハビリテーション学院（熊本市）に在籍する学生のなかで震源地である益城町に在住する人がおり、ボランティアサークルで何かできないかという声から災害時ボランティアの活動がはじまりました。

　学生一人ひとりの被害状況もさまざまななか、学生からは、「本当に私たちが行っていい場所なのだろうか？」という声も上がりました。しかし、「自宅に住めない、生活できない」などの理由から避難所で生活している人々に対し、何か力になりたいとの思いが、活動をはじめるきっかけとなりました。

　その後、日本介護福祉士会に相談し、活動をともにする運びとなったのです。

初めての避難所

　地震発生から約10日後、初めて行く避難所は、体育館で仕切りがなく、避難者は各ブースで生活をしていました。そこには、それぞれの生活の声、におい、行動やさまざまな感情がただよっていました。

　寝ている人が多く、トイレに行く以外は歩いている人も少なく、疲労感がただよっている状況をみて、学生たちは、「私たちに何ができるのだろう？」と顔を見合わせていました。

　そのようななか、避難所から、生活不活発病予防の取り組みを依頼され、学生たちは、体操の時間を一緒に活動させてもらうことになりました。

その後、20日ほどたつと、それぞれの範囲ごとに段ボールで仕切りがつくられていきました。プライバシー保護のためとはいうものの、簡易段ボールでは高さの限界もあり、通路を歩くと目のやり場に困ることもありました。

実際は小学校・中学校、会社などへ、避難所から通学・通勤する人もいました。高齢者だけではなく、子どもから大人まで、多くの人が生活している空間に入り込むことの責任を感じました。

避難所でのボランティア活動を通じて感じたこと

私たちが実施した活動は、「エコノミー症候群予防」「体調不良の人の早期発見」「パニックがある人への対応」「部屋での個別対応やこころのケア」「家族の安否確認」などです。

ボランティアは毎回日替わりで訪れます。ボランティアの役割や具体的なマニュアルなどはないため、手探り状態での活動でした。

避難者のなかでも身体に障害がある人に対しては、持病や薬など、健康上に関する情報を収集し、町の保健師をはじめ、随時・定時に開催される多職種ミーティングの場で意見交換がなされました。

また、日々の感染対策ではマスク・手洗いなどを徹底し、毎日変わったことはないか、一人ひとり健康確認をしていました。

介護福祉士として専門職との出会いを通して

数多くの介護福祉士の人と出会うなかで、一番感じたことがあります。それは、「介護福祉士は専門職である」ということでした。

避難所で介護福祉士は、初めて会う人（支援が必要な人）、初めて来た場所で、最大限の力で情報や知識を分析し、即座に生活支援技術を提供します。言葉かけや何気ないしぐさで動き

> **求められる介護福祉士像**
> ②専門職として自律的に介護過程の展開ができる

出すこともあります。

学生もなぜ、今日の介護福祉士がそのような支援をするのか、合間合間で生活支援のヒントや根拠を聞くことで、改めて介護福祉士の力量のすごさを感じました。

子どもからお年寄りまでの状況のなかで、介護福祉士が専門性を出して活動できることが何なのか、身をもって体験できました。

嘉島町の避難所には約400人の避難者が生活しており、その集団の生活のなかに支援者が入っていきます。悲しみや苦しみがいやされない、途方にくれている人がいるかもしれませんが、現実の生活維持のために私たちが考えるべきことは何かをあげてみました。

① 生活習慣の中断
② プライベートの時間がつくれない
③ 周囲からの目
④ 余震に伴うストレス
⑤ 臥床時間が与える影響
⑥ 時間とともに避難所も変化する

災害時のボランティアは通常のボランティアと異なるため、参考になるような手引書が必要であり、災害が起きたときから状況は時間単位で変化するため、時系列で対応できるような手引書があるとよいのではないかと感じました。避難所も一日一日変化しているため、どの時点でどのような支援が必要なのか検討することは大きな課題です。

これからも、ともに歩んでいきたいと思います。

ケース7 を読み解く

嘉島町民体育館

　嘉島町民体育館は、保健師が中心となって、開設時からすみやかなサポート体制を構築した避難所です。当初は大人の背丈ほどの高さの段ボールで、世帯ごとに避難者の居住空間を確保していました。しかし、その空間から出ない人が多いことから、段ボールの高さを、大人がギリギリ中をのぞけない程度の高さに変更するなどの対応を図っていました。

　また、避難所の中で各種の役割分担をするなど、避難者の閉じこもりを防止する行政側の工夫も随所に見受けられました。

養成施設学生による支援

　今回は、日本介護福祉士養成施設協会とも連携して、介護福祉士養成施設の学生にも支援を行ってもらいました。その際、できる限り、介護福祉士会会員をリーダーとしつつも、学生独自の目線で支援を行ってもらうようにしました。

　他県から支援に入る学生もいましたが、多くは近隣（九州中央リハビリテーション学院）の学生であり、避難所から参加する学生も少なくありませんでした。

　最初は緊張した様子がみられましたが、高齢の避難者に接する姿が認められてからは、すんなり避難者のみなさんになじんでいきました。

　独自に考案したレクリエーションを行う姿も見受けられましたが、何より、新聞の読み聞かせを行っている姿が印象的でした。近況をみなさんに読み聞かせるわけですが、難しい漢字にぶつかると、「どんな字だい？」「それは○○と読むんだよ」といった具合……。とても穏やかな時間を過ごすことができていたようです。

　近隣の養成施設の学生には、本人からの申し出もあり、継続的に

支援を行ってもらいました。また、担当の教員からは、「介護福祉士としてがんばるという意識が、多くの学生のなかで高まりました」という報告をいただきました。

介護福祉士と養成施設学生が組み合わせで活動することの意味

前述のとおり、介護福祉士と養成施設学生が組み合わせで支援にあたりました。このことは、①介護現場で実際に行われる支援を、学生が間近でみることができる、②その支援を行う理由を、学生がすぐに確認することができる、③それを体感するなかで、介護福祉の専門職としての価値を、学生が理解できる、などの効果があったと思います。

そして、学生とともに支援を行った介護福祉士からは、学生に伝えるなかで、自らの支援内容を確認することができたという話も聞くことができました。

コラム

福祉避難所での介護のボランティア

愛知県介護福祉士会：玉置　恵

　2016（平成28）年6月5日、事務局の車で熊本県御船町にある福祉避難所へ。

　その名のとおり、福祉避難所は、要介護状態の人とその家族が避難している場所です。昼間のみ、夜のみ過ごす人もおり、約20人の所帯でした。

　私は一日の流れや伝達事項を頭に入れ、避難している人々へあいさつ。その後、各地から集まった介護職4名とレクリエーションなどの打ち合わせを行いました。

　午後のレクリエーションは約1時間。避難している人々は運動不足になりがちとのことなので、動きやすいように机を動かし、いすを円形上に配置して、座ったまま簡単にできるヨガで身体をほぐしてもらいました。

　ほかにも、新聞紙を棒状にして、棒体操、からだ叩き。隣の人の肩、背中、腰、足なども叩いたり、さすったり、手をつないで上下左右に伸ばしたり揺らしたりして、自分のペースで、どこでもよいから気持ちよく動かしてもらいました。

　地震で大変な思いをした人々が私たちにかけてくれたあたたかい言葉を胸に刻み、2日間の日程を終えました。

　ただ、課題はたくさんあります。

　避難所での生活は「非日常」です。避難所を出て、生活が「日常」に戻るまでの間にいろいろと過剰に支援の手を差し伸べてしまうと、本来できていたことができなくなるおそれがあります。実際に、そうした避難所利用者が見受けられました。その意味で、その場に応じた支援の手法を考えさせられたボランティア活動でした。

介護福祉士の専門性をいかした災害時の介護のボランティア活動 **3**

2 各県介護福祉士会の 組織による取り組み

この項目では……

▶ 熊本地震、鳥取県中部地震、東日本大震災、新潟県中越地震が起こった際に、被
災地および近隣の介護福祉士会が、どのような対応をしたのかについて学びます。

▶ 組織としての具体的な取り組みを通して、災害時における都道府県介護福祉士会
の役割について考えます。

ケース1

熊本県介護福祉士会による取り組み

熊本県介護福祉士会

「地元だからこそ動けない」というジレンマ

日常が非日常に一瞬で変わる怖さを改めて知りました。

まさか自分の住んでいる町が…、家族が…、仲間が…、避難
を強いられる日が来るとは夢にも思いませんでした。まさか震
度7の揺れを約30時間のうちに2回も経験することになると
は…。

見慣れた風景は一変し、昼夜を問わないサイレンとヘリコプ
ターの音が、緊急事態であることを強く印象づけました。

被災地支援を行うにあたり、すぐにでも地元の会員に連絡を
とり、動員を呼びかけたかったのですが、地元事務局の建物内
部が被災したため、パソコンなどがすぐに機能する状況ではな
く、かつ地元の会員自身や所属する職場自体が被災しているな
か、ボランティアを集めることは困難でした。

「地元だからこそ動けない」というジレンマが、そこにはありました。

　そのようななかでも、SNSなど、使えるツールをフルに活用しながら呼びかけ、介護ボランティアのみならず、飲食物や福祉用具等の物資調達といった、さまざまなネットワークが広がりました。

　専門職団体の連携も求められ、熊本県益城町を中心とした支援チームが立ち上がり、そのコーディネートも熊本県介護福祉士会が行うことになりました。

　ふだんから団体同士、または行政を含めた関係機関と、顔の見える関係が構築されていたので、チームが立ち上がる以前から、ある程度連携を図ることはできていました。日頃の関係性が重要であることを改めて感じました。

図6　熊本県介護福祉士会による災害時ボランティア派遣地域

「非日常のなかの日常」を被災者本位の姿勢で支える

　2017（平成29）年4月現在、地元会員による仮設住宅サポートを継続的に行っています。しかし、震災の爪あとが色濃く残るエリアと、震災以前の日常に完全に戻ったエリアとが、ごく近い場所で隣接しており、「日常と非日常の混在」を目の当たりにしている被災者の整理しきれない気持ちに寄り添うことの難しさを感じています。

　非日常のなかの日々の暮らし（非日常のなかの日常）を、被災者本位の姿勢で継続的に支えるのは、生活支援の専門職である介護福祉士の役割であると強く感じます。

　「支援者」という看板を前面に打ち出し、「支援に来ました！」という高いテンションで支援にあたっては、ときに被災者に過度な負担をかけることになります。さりげなく寄り添い、被災者自身が一歩前に進むために立ち上がろうとするときに、そっと背中に手を添えるような支援。まさに「被災者本位」「被災者主体」の支援が、これからも求められると思います。

ケース 2

福岡県介護福祉士会による取り組み

福岡県介護福祉士会

　2016（平成 28）年 4 月 14 日 21 時 26 分、熊本県熊本地方を震源とする地震が発生し、熊本県益城町で震度 7 を観測しました。福岡では震度 4 を観測。正副会長会を開催している最中でした。

　熊本県介護福祉士会会長に安否確認の連絡をするとともに、福岡県介護福祉士会（以下、当会）理事へは安否の確認、支部の被害状況の確認を行いました。また、災害時ボランティア登録者に支援の準備を依頼しました。

　当会は、福岡県と「災害時における福祉避難所への介護福祉士の派遣に係る協定」という協定を結んでおり、熊本県への災害時ボランティア派遣に際しても、福岡県に対して報告や情報共有を行いました。

　以下に、当会が実際に行った支援内容をまとめます。

表 11　特別養護老人ホームでの支援活動

課　　題	・被災した職員が欠勤。 ・小学校が避難所となり、学校は休校。そのため仕事を休んだり、子どもを連れて出勤したりする職員あり。 ・職員の状況は日々変化するため、毎朝、職員配置の調整が必要。
ニ ー ズ	・欠勤した職員の代替業務
支援内容	・災害時ボランティアは職員にルーティンを教えてもらいながら、職員の代替業務を行った。主な活動は、トイレ誘導・介助、食事介助、入浴介助など、人員が多く必要な日中の時間帯の支援。被災地でノロウイルスが流行したため、厳重な感染症対策が実行された。

介護福祉士の専門性をいかした災害時の介護のボランティア活動 **3**

表12 養護老人ホームでの支援活動

課　題	・被災した職員が欠勤。 ・断水継続。飲み水・手洗い水は行政より確保できたが、トイレの水が流せないため、排泄物を処理できない。 ・入所者は身の回りのことは自分でできる人が多く、身体面での支援はほとんど必要なし。精神的な動揺はみられたが、職員の対応で落ち着く。
ニーズ	・宿直業務 ・トイレの排泄物の処理
支援内容	・夕方から朝までの支援。食事や洗面、口腔ケアの見守り、排泄物の処理を行った。下水が復旧していないため、排泄物の処理が一番の課題であり、職員とともに試行錯誤する。川から水をくむ作業や、排泄物を廃棄する作業は過酷であった。

表13 避難所での夜間の支援活動

課　題	・日中は家族が付き添うが、夜間は家族も睡眠をとる必要がある。 ・日中は行政職員やほかの避難者、一般ボランティアの目があるが、夜間は行き届かない。 ・夜間帯は、暗いこと、寝起きで意識レベルが低いことなどから、転倒のリスクや認知機能の低下が生じやすく、対応の難易度が上がる。
ニーズ	・夜間帯の見守り
支援内容	・夕方から朝までの支援。夜間、トイレのために起きる人を見守り、必要時には介助。また、不調や「眠れない」などの訴えに対応する。 ・家族を起こしてトイレに連れて行ってもらおうとする人に付き添い、家族には夜間十分に休息をとってもらう。 ・夜間帯にトイレが頻回な高齢者は、そのつど家族に介助してもらうことに申し訳なさを感じている。災害時ボランティアは夜間帯起きているので、いつでも支援できることを伝えることで安心してもらう。 ・福祉避難所では、夜間とはいえトイレに行く人が多く、トイレ待ちができるほど。便器周りの汚れも目立つので、夜間帯にもトイレ掃除など衛生管理を行う。 ・医療ニーズ（喉の痛みやけがなど）、被災手続きの相談をされることもある。日中は行政職員につなげばよいが、夜間帯は人手が不足しているので何らかの対応を行う。

77

支援の実例	・高齢女性より「トイレに行って戻ろうとしたが、自分が寝ていた場所がわからなくなってしまった」との訴えあり、一緒に寝床を探す。 ・認知症の症状がある高齢男性Aさん。Bさんがトイレに行っている間に、Bさんの布団で寝てしまったため、Bさんより「違う人が寝ている」と相談あり。Aさんへ声をかけるも、「自分はここで構わない」と言われる。Aさんの寝床を確認し、誘導する。 ・「隣の人が、胸が苦しいと言っている」とのことで様子を見に行く。本人、周りの人と話をすると、2、3日前から訴えがあり、被災した影響から精神的な不安感が強いが、受診の必要はないと言う。本人と一緒に避難所の外に出て深呼吸する。少し話を聞くと落ち着き、胸の痛みを尋ねると「ない」とのことで布団に戻る。一晩様子を観察し続け、朝、行政職員に申し送る。
注意点	・夜間は、基本的に避難者は寝ているので、災害時ボランティアは動きすぎないことに注意が必要。起床時間まで待てる支援は待つ。声の大きさにも注意。 ・夜間帯に地震が発生した場合には、目を覚まし、不安になる人が出るので対応が必要。 ・避難所によって運営方法はさまざま。他市町村の行政職員が応援に入っていたり、地元の職員、委託されたりする地域の人がいるところなど。

表14 避難所での昼間の支援活動

課題	・家族が、自宅の片づけや行政手続き、就労のため不在にする際の要援護者の見守り支援、トイレ誘導。 ・段ボールや発泡スチロールのパーテーションがいち早く導入され、個人のパーソナルスペースは確保されたが、生活不活発病の予防が必要になった。
ニーズ	・要援護者の日中の介護および見守り ・生活不活発病の予防
支援の実例	・大型避難所の入り口付近に、避難者が集うことができるブースをつくり、昼間常駐する。徐々に人が集まり、情報交換や困りごとの相談などを受けるようになる。日本介護福祉士会のビブス（チームの区別をつけるために、ユニホームなどの上に着るベスト状のもの）を着用することで、介護の相談を受けることができた。

- 「自宅の片づけに行くので、高齢家族のトイレ介助、水分補給（脱水傾向）をお願いしたい。認知症に伴う介護拒否があり、段ボールベッドから起き上がろうとしないので困っている。車いすに座ることができたら、散歩などを促してほしい」との相談を受け、一連の介護を行う。

- 運動を行う時間を決めて、館内放送で案内し、希望者を募って生活不活発病予防のレクリエーションを行う。また、参加しなかった人のところへ行き、健康状態などの把握や相談を受け、保健師と連携。朝・夕の2回定時に行うことで、徐々に参加者が増え、近隣同士の会話や子どもたちと高齢者のふれ合いも多くなった。

- 炊き出しの食事を確保できているか確認する。家族の不在時に自力で受け取りに行けない人には、隣近所もほぼ不在となる昼間は、声かけが必要であった。

- α米のお湯の確保。また、α米には乾燥剤や簡易スプーンが入っていることがわからないため、声かけが必要であった。

- トイレ掃除、手すりの消毒など、感染予防のための環境整備を支援する。避難してきた人にも声をかけ、一緒にフロアーの掃除を行った。

- 外部にできた浴場に行き、要援護者の入浴時間を交渉、入浴介助を行う。一般の被災者が入浴する時間以外に設定をお願いすることができた。

- 支援物資の整理を手伝い、賞味期限の確認をして、昼食と夕食の炊き出しの支援を行う。常駐するボランティアに引き継ぐ。

- 外部に設置された洗濯場に歩行器にて移動し、洗濯を実施する要援護者の見守り支援を行う。

- 炊き出しの受け取り（避難者全員分）を代行し、避難所に運ぶことで、要援護者やその家族が協力してつぎ分けたり、各個人へ運んだりした。

- 避難所を出て自宅に戻るための荷物の整理を手伝う。半身麻痺であったが、家族が自宅の片づけに行き不在が続いたため、できないことのみ支援する。

- 「被災し、家を引っ越さなければならない。大切な着物を引き取ってくれる専門業者がいないか、電話帳で探してほしい」との依頼を受け、調べた番号を大きく書いて本人に渡す。後日、業者に公衆電話から電話をしていた。

- 避難所近くにある施設にて無料喫茶コーナーを開催していたため、閉じこもっていた人に声をかけ、散歩をしながら施設まで行く。車いすの人や杖歩行の人も参加した。

注意点	・避難所ごとに環境も規模も違うので、臨機応変な対応が望まれる。 ・避難所で支援を行っている行政職員や多職種ボランティアとチームを組み、活動する必要がある。 ・必要な情報収集（アセスメント）を行い、連動性のある活動を行う。 ・支援を行った際の情報を共有する必要はあるが、個人情報への配慮が不可欠。

（福岡県介護福祉士会副会長：藤野裕子
　同　災害対策委員長：中野桂子）

ケース3
鳥取県介護福祉士会による取り組み

鳥取県介護福祉士会

9日間にわたる災害時ボランティアの派遣と地元自治体との協議

　2016（平成28）年10月21日、14時07分、鳥取県中部を震源とする地震が発生しました。各地の震度は、震度6弱が倉吉市、湯梨浜町、北栄町、震度5強が鳥取市、三朝町、震度5弱が琴浦町、日吉津村でした。

　私自身が勤務をしている鳥取市の施設でも、今まで感じたことのない揺れに見舞われました。幸いにも当勤務施設には被害がなかったものの、情報収集のため、テレビや鳥取県庁ホームページ等で各所の被害状況を確認しました。

　また、被災地在住の鳥取県介護福祉士会副会長に被害状況を確認、事務局へも会員の被害状況の確認を行った結果、人的被害はないことがわかりました。

　以下、鳥取県介護福祉士会（以下、当会）が実際に行った支援内容をまとめます。

図7　鳥取県介護福祉士会による災害時ボランティア派遣地域

表15	鳥取県介護福祉士会による支援活動
10月21日	・状況把握を優先。災害時ボランティアの派遣依頼は、なし。 ・日本介護福祉士会へ、現時点で災害時ボランティアの派遣要請等がないことを報告。
10月22日	・被災地倉吉市にある当会副会長の職場を間借りし、当会災害対策本部を設置する。 ・湯梨浜町より、災害時ボランティアの派遣依頼あり。老人福祉センター福祉避難所へ2名、夜間帯17時から翌朝8時までの派遣依頼要請の連絡がある。 ・早速、当会のホームページでのボランティア募集を開始。同時に、日本介護福祉士会事務局にも近県の人々にボランティア募集を依頼する。 ・成徳小学校避難所へボランティア派遣依頼がある。 ・再度、倉吉市より連絡あり、避難所17か所をお願いしたいとの申し出。17か所の派遣場所、避難人数等の資料を災害対策本部にFAXしてもらう。 ・当会だけでは対応できないため、日本介護福祉士会へ連絡し、協力を依頼。日本介護福祉士会の対応を待つ間に、当会facebookにて再度、県内募集をアップする。 ・湯梨浜町より明日以降も引き続き支援要請が入る。翌朝8時より、2名の派遣者を手配し、報告する。 ・倉吉市の分に関しては、調整するものの人数が集まらず、3名しか確保できない。人集めに苦戦する。 ・倉吉市役所福祉担当課へ出向き、派遣先に優先順位をつけてもらうように依頼する。協議の結果3か所を抽出する。
10月23日	・ボランティア到着。湯梨浜町老人福祉センター2名、倉吉市避難所3か所に3名派遣。8時から17時対応予定。夜間帯17時から翌朝8時までの人数確保が必要。 ・今後の対応について日本介護福祉士会に相談。相談内容は、明日以降、当会会長が勤務のため、コーディネーターがいなくなること、ボランティアの確保が困難なことなど。結果として、日本介護福祉士会事務局次長が現地へ派遣されることとなる。 ・湯梨浜町担当課長と面会し、現状報告と今後の対応について協議。日中は要援護者がデイサービスや自宅へ行くためにニーズがないことを報告し、今後の活動は夜間帯のみの派遣とすることを合意してもらう。

	・倉吉市派遣の各所（3か所）のニーズがなくなったため、引き上げを指示。 ・倉吉市役所担当課長補佐と面会し、現状報告、今後の対応を協議。今後は夜間帯のみの派遣とすることを合意する。 ・日本介護福祉士会事務局次長が東京より鳥取入りし、本部へ到着。現状の報告を行い、倉吉市へ打ち合わせに行く。 ・倉吉市役所福祉課担当者、保健師と打ち合わせし、情報共有を行う。翌日以降について、夜間の2か所対応することで合意（高齢者生活福祉センター、成徳小学校）。 ・当会ホームページの更新方法等について打ち合わせを行う。ボランティア旅費交通費、保険料は個人負担を原則とする方向性で確認する。
10月24日	・湯梨浜町社会福祉協議会局長のもとへ訪問し、ボランティア保険について話し合う。ボランティア保険料は湯梨浜町が負担し、自己負担なしで合意。 ・倉吉市では、ボランティア保険については、当会が立替払いし、後日清算をすることで合意。 ・倉吉市高齢者生活福祉センターを訪問し、センターの保健師と状況確認を行う。支援対象者と居室の確認、夜間の緊急連絡先の確保を依頼。 ・倉吉市社会福祉協議会（以下、市社協）から連絡があり、市社協へ人材を送ってもらうことになるかもしれないとのこと。その後、再び市社協から連絡があり、本日の夜勤の派遣先が決定される（倉吉市高齢者生活福祉センター、市社協の2か所）。 ・湯梨浜町では避難所閉鎖を31日までの予定ながら、避難所を集約して延長する可能性があるとのこと。
10月25日	・倉吉市福祉課へ出向き担当者と協議。派遣先の状況を伝え、市社協・高齢者生活福祉センターともに、夜間を通じた支援は不要であることを伝えるとともに、当会の活動は今月までをめどとしていることを説明し、了承を得る。 ・鳥取県長寿社会課へ出向き、課長へこれまで当会が行ってきた派遣内容説明を行う。その際、日本介護福祉士会の動きについては、厚生労働省とも共有していること、なかなか人が集まらない状況があり、県としてもできる限り支援してほしいこと、災害協定に向けた内容を検討するにあたっては、介護の位置づけを再考してほしいことを伝える。

10月26日	・倉吉市福祉課へ出向き協議を行う。上灘（うわなだ）小学校への派遣については明日以降は必要に応じて調整。高齢者生活福祉センターの入浴介助は、今後は「なし」とする旨で合意する。大きな余震等で支援が拡大するような場合は、県を通して介護職員の派遣等についても要請する予定とのこと。 ・本日の派遣者が集合し、支援説明を受けた後に各派遣先に移動する。
10月27日	・倉吉市福祉課を訪問し、上灘小学校への派遣は本日朝までで終了することで合意。結果として、倉吉市内での災害時ボランティアの派遣はなくなるため、いったん終了する。大きな余震が発生した場合は、再度支援に入ることとする。 ・鳥取県長寿社会課からの連絡あり。県長寿社会課から、老人福祉施設協議会・老人保健施設協会に対して、「介護福祉士会等からボランティアに係る職員の派遣等について依頼等あった場合は、ご配慮・ご協力いただきたい」との内容文書を案内したとのこと。
10月28日	・鳥取県庁にて「安全な避難所運営に係る意見交換会」開催。各団体の現在までの活動を報告。 ・日本介護福祉士会事務局次長、帰京。
10月29日	・鳥取県中部地方を震源とする震度4の余震あり。災害対策本部事務所も下から突き上げられるような揺れあり。被害なし。
10月30日	・災害対策本部事務所を閉鎖。 ・湯梨浜町への最終派遣者2名を夜間帯17時から翌朝8時まで派遣。利用者は3名。当該避難所も翌日31日昼をもって閉鎖された。

・派遣日数……9日間
・鳥取県介護福祉士会ボランティア派遣総数……30名
・派遣場所数……6か所

ケース 4

宮城県介護福祉士会による取り組み

宮城県介護福祉士会

発災当日から、およそ10日間の動き

宮城県介護福祉士会が2010（平成22）年3月に法人化し、一周年が近づく2011（平成23）年3月11日14時46分、世界に衝撃を与えた大震災は起こりました。宮城県沿岸部は壊滅状態となり、県内随所では電気・ガス・水道・通信のライフラインは寸断され、度重なる余震のなか、混沌とした日々を過ごすこととなりました。

宮城県介護福祉士会の多くの会員は、そのとき、それぞれの介護現場で職務についていました。震災直後、前会長と電話で連携をとり、まずは個々の介護現場にあって目の前の利用者に対して責務を果たすこと、そして、できるところから会員の状況を把握することを打ち合わせました。

3月13日、県長寿社会政策課よりメールにて、災害支援協力呼びかけの第一報が入りました。しかし、日常生活に必要な交通機関復旧のめどが立たず、自動車での移動に伴うガソリンを確保することもままならず、被災者の支援を開始することができないというジレンマにおちいりました。

3月18日、県長寿社会政策課課長補佐より携帯電話に連絡が入り、災害ボランティアの派遣が可能かを打診されました。二つ返事で承諾の旨を伝え、前会長とともに呼びかけをし、翌3月19日早朝、15名が県庁前に自力で結集。面識のあるなしに関係なく、3台の自家用車に分乗し出発。災害ボランティア派遣第一陣として、被害が大きい石巻・女川へと向かいました。

15名はまず、石巻市役所へ入り派遣先の避難所を確認した後、二手に分かれて翌日まで行動することとなりました。15名のうち3名は女川へ自力にて自家用車で移動、12名は市が

マイクロバスにて送迎、1名ないし2名は点在する避難所へ入り任務をはじめました。

翌日の夕方まで自前で用意した食糧と水を携え、孤軍奮闘しました。派遣先の避難所は一般の避難所がほとんどで、福祉避難所の体制はまだ整っていない状況でした。避難所は泥にまみれ、被災者も着の身着のままで、寝食分離にはほど遠く、劣悪な環境にありました。

生命は取り留めたものの家族の安否はとれず、生活用品や食料は手に入りづらく、心身ともに被災者の多くは疲れ果て、失意のなかにありました。

73日間にわたる災害時ボランティアの派遣

3月24日、大震災発生から2週間、災害時ボランティアの本格的派遣を開始しました。その後、日本介護福祉士会と一体となり、5月31日までの73日間にわたってボランティア実数182名、延べ人数498名を受け入れて支援を行いました。

派遣にあたっては、宮城県介護福祉士会は全財産をもって臨み、派遣のための車を購入。県との交渉にてボランティア宿泊先を確保したほか、自家用車と合わせて拠点から県内各所の避難所へピストン送迎を行いました。ボランティア配置と配車管理は本会事務局が行い、日本介護福祉士会事務局とも連携を図りました。

表16	避難所運営の事例

場　所：○○町　福祉避難所

規　模：小単位 30 名以下収容

環　境：機器類の充実（ベッド、車いす、ポータブル）

　　　　寝具の充実（布団、毛布等）

　　　　病院が隣接、医療との連携あり

　　　　介護、医療専門職の配置がされていた

〈課題と課題解決に向けたアプローチ〉

①避難所の土足……室内、ベッド回りは泥だらけ

　⇒・掃除用具や水の提供

　　・掃除の実施

　　・上靴、スリッパの提供（潔・不潔の分別）による住環境の改善

②避難所運営者自身が被災者であり、不眠不休の状態

　被災者の支援により帰宅できず、自身の家族の対応もできない

　⇒夜勤担当を担うことにより負担軽減を図る

③被災者の自立支援を推進

　本当に困っている（支援の必要性が高い）食事の提供と排泄を優先し、

　家族の役割と専門職の役割を分担する

④整容と清潔保持

　水不足による歯みがきや整容の困難さ

　⇒少ない水でも対応できるようマウスウォッシュの提供と活用推進、部

　　分清拭・洗浄の実施

⑤食材の調理のしづらさの改善

　⇒衣装ケースを利用してジャグジーを取り付け、簡易の流し台を作成・

　　提供する

表17	災害ボランティア派遣概要

ボランティア派遣期間 　2011(平成 23)年 3 月 19 日から 5 月 31 日 （73 日間）
ボランティア派遣市町村（5 市町） 　石巻市、東松島市、仙台市、女川町、亘理町
ボランティア参加実数 　県内 83 名、県外 99 名、合計 182 名
ボランティア登録人数 　県内 88 名、県外 435 名、合計 523 名
ボランティア派遣延べ人数 　498 名

会員や一般の人々からの情報をもとにした訪問・調査

災害時ボランティアの派遣は、最終的に五つの市と町で展開されるに至りましたが、当初、県からの要請は石巻市と女川町を主としていました。それが、会員や一般の人々から寄せられる日々の情報をもとに、独自に県内の市や町を訪問・調査すると、現場から改めて派遣要請される避難所も多く存在していました。

県がすべてのニーズを掌握(しょうあく)することは、被害の状況からみても限界があり、被災地となった市町村の窓口担当者と実際に避難所を切り盛りしている担当者との間には、少なからず認識の差も生じていたのが現実でした。

「問題は常に現場にあり」。自ら足を運び確認する意味が、このことからも痛感させられました。

（宮城県介護福祉士会会長：雫石理枝）

図8 宮城県介護福祉士会による災害時ボランティア派遣地域

介護福祉士の専門性をいかした災害時の介護のボランティア活動 **3**

ケース5

岩手県介護福祉士会による取り組み

岩手県介護福祉士会

生活7領域の視点にもとづく個別ケアの検討や避難所の環境整備

　東日本大震災の発災直後は、会員それぞれが自分の家庭や職場の被災対応に追われ、組織的対応ができない状況にあり、まさに「空白の10日間」でした。

　正副会長会議が開催されたのは2011（平成23）年3月25日。ようやく被災地支援（自らも被災している側ですが…）の取り組みが開始となりました。

　幸い岩手県介護福祉士会事務局は岩手県社会福祉協議会に委託していたため、支援内容はすぐに明確となり、以下の三つのボランティア活動を行うこととなりました。

①　沿岸被災地から内陸のホテル・旅館等への内陸避難支援。要配慮者ケアを中心に大型バスでの支援。3月26日に第1回実施。会員13名が活動参加。
②　陸前高田第一中学校（大規模避難所）への会員派遣。別室（高齢者室）での介護福祉士チームによるケア。3月27日から8月12日。全国会員等含め71名が活動参加。
③　岩手県職能団体等（11組織・団体）による災害支援ボランティア派遣システム参加。ターゲットシステムとニーズキャッチシステムを採用し、陸前高田市と大槌町のボランティアセンターへペア（介護福祉士と社会福祉士の組み合わせ等）で活動派遣。5月16日から開始。この活動がのちに「災害派遣福祉チーム」創設へと結実。

　陸前高田市にある高田第一中学校は大規模避難所であり、発災時、最大で一日約1250人が避難していました。混乱は避け

89

られず、そのためか避難所運営の自治機能確立は5月11日まで待たなければなりませんでした。

しかし、見守りや支援が必要な要配慮者の別室確保は素早く、3月11日の夜に約60人の要配慮者の視聴覚室への移動が完了。避難所本部では一般避難者から支援ボランティアを募り、対応しましたが、長続きできない状況でした。3月13日からは保健師チーム等の支援が入り、それを受けて3月27日から介護福祉士チームが現地入りしました。

介護福祉士会会員は、生活7領域（衣、食、住、体の健康、心の健康、家族関係、社会関係）の視点から、要配慮者の個別ケア検討や避難所の環境整備を行いました。

当初60人だった要配慮者は、4月上旬には25人となっていました（うち9人が要介護者（うち1人が車いす生活））。ほとんどの人が水分摂取が不十分なために便秘・消化不良ぎみで、心身機能低下が目立ち、歩行能力もおとろえてきていました。

3月29日から「生活再建づくり」スタート。一日のスケジュールづくり、寝食分離の環境整備、卓球台と段ボールでの「高齢者用トイレ」設置、柔道場の畳と毛布での「寝室」づくりなど、自立に向けた生活支援の取り組みを積み重ねていきました。

4月16日に移動入浴車、簡易ベッドが到着。徐々に信頼関係が構築されていきました。避難所は「仮の生活の場」となり、穏やかでつつがない暮らしへの展望が見えてくるようになりました。

5月7日からは、「夜間ケア」を全面的に介護福祉士チームが行うこととなりました。

8月12日の避難所解散式まで、これらの支援は続きました。

(岩手県介護福祉士会会長：吉田 均)

図9 岩手県介護福祉士会による災害時ボランティア派遣地域

コラム

被災者のさまざまな要求に多職種がどう応えるか

鹿児島県介護福祉士会：福永宏子

　私は3回ほど熊本の災害支援活動に参加しました。そこで改めて、生活者を支援するためには、一人の力では解決できないことでも、それぞれの専門分野が力を合わせるとよりよいことができるということを痛感しました。

　発災間もないころは、自衛隊をはじめ各専門職種の団体が支援に来ていました。受け入れ側も「何をしてもらえばよいかわからない」という状態であることがよくわかりました。

　「どの部門が何の役割をもつのか？」「どこに情報が集中しているのか？」

　しかし、そのようななかでもボランティア活動は行われます。

　避難生活を送っている人々は、「介護の問題」「身体の心配」「家の心配」「避難所生活での心配」「モノの心配」「話を聞いてもらいたい」等々、さまざまな要求を抱えています。

　このような要求のほとんどが、その場で完結するものではありません。しかし、私たちがボランティアとしてかかわる期間は限られています。

　しかも、団体ごとにバラバラに聞き取りをしていたら、避難者は何回同じ話をすればよいのでしょう。そして誰に訴えれば解決してくれるのか、わからなくなってしまいます。

ケース 6

新潟県介護福祉士会による取り組み

新潟県介護福祉士会

高齢化が進む地域での被災者支援

　新潟県中越地震は 2004（平成 16）年 10 月 23 日に発生しました。中越地方を中心として広い地域に被害が発生し、高齢化が進んでいる地域での被災であるため、被災直後から被災市町村から支援が要請されました。

　新潟県介護福祉士会の支援活動としては、県からの要請に応える形で、小千谷市、川口町（現・長岡市）などの避難所への災害時ボランティア派遣を中心に行いました。

　重度の要介護者は、近隣の施設に受け入れてもらいました。一方、避難所には比較的要介護度の軽い高齢者が多く、混乱期には今まで介護の必要がなかった人たちも介護が必要な状態になりました。

　ドライシャンプーで洗髪したり、ひげをそったり、レクリエーション活動を行ったりすることで、最初は暗くふさいだ表情だった高齢者に笑顔が戻り、日を追うごとに避難所の雰囲気は明るくなっていきました。

　被災 1 週間後には、介護保険サービスを使えるようになり、デイサービスに出かける人もいました。施設に勤める介護福祉士たちは、自分の勤務先の指示で、被災地の高齢者施設に職場派遣されていることが多く、避難所へのボランティアは、日本介護福祉士会の呼びかけに応えた全国支部からの災害時ボランティアが中心になっていました。南は沖縄から北は東北まで、延べ 190 名の災害時ボランティアが派遣されました。

避難者の状況把握と介護予防

　小千谷市総合体育館は、一時は、2000人以上の人が避難した巨大な避難所でした。そのなかで、高齢の要介護者や乳児のいる家族を、避難所の中に別に部屋を設けて支援していたために、マスコミからも注目されました。

　小千谷市からの依頼内容は、小千谷市総合体育館における高齢者の介護予防でした。介護福祉士がかかわることによって、避難所生活を継続している高齢者が身体の機能を低下させることがないようにと、支援を依頼されました。

　当面、新潟県介護福祉士会の会員2名＋全国からの応援会員2名の合計4名を、最低数のチームとして編成し、一定期間継続して入れるメンバーに充てました。

　介護チームにはほぼ自主的な活動が期待されており、一定の業務を実施しながら、離床を目的とした独自のプログラムを計画して取り組むことが望まれているのではないかと考えられました。

　避難所での介護福祉士の役割の一つは、避難している人たちの状況把握です。そこで、保健師と協働して、身体状況や生活の状況、介護ニーズなどを聞き取り、避難者一人ひとりの状況を介護マップの形に整理しました。保健師とは毎日午前と午後の1回、カンファレンスをもち、積極的に情報交換を行って、情報を共有しました。

　震災の支援で注意しなければならないことは、介護福祉士はいかなるときでも、生活の視点で物事を見極めないといけないということです。

　多くのボランティアは、困っている人や困っていることに出会うと、すぐに手を出してしまいがちです。「お気の毒だから」と何でもやってあげることが、必ずしも正しいとは限りません。

　避難所にいる高齢者も、今の状態が落ち着けば、以前の自分の生活に戻っていくことになります。その人がどこまでのことができるのかを見極め、ときには「見守る介護」も必要になり

ます。

　避難所はあくまでも「在宅」であり、自立支援ということを常に考えて行動することが必要です。このように利用者のあるべき生活像を意識して支援できたことに、専門職としてかかわることの意義があったのではないかと考えています。

災害救援マニュアルの作成へ

　避難所から仮設住宅への移転がはじまるにあたり、とりあえず緊急時対応は一段落したとして、日本介護福祉士会としての避難所の介護支援は2004（平成16）年11月30日をもっていったん終了となりました。

　新潟県介護福祉士会では、災害時要援助者、特に高齢者施設が避難所となっている場所への支援活動を中心に介護のボランティア活動を行いました。このとき、災害時の介護のボランティア活動の基盤ができ、「災害救援マニュアル」を作成するきっかけとなりました。

図10　新潟県介護福祉士会による災害時ボランティア派遣地域

ケース 1 から ケース 6 までを読み解く

要請があってから支援に入ることが原則

　組織として行うボランティア活動は、行政の要請によって行われるものです。ボランティアの受け入れ態勢が整っていない状況でのボランティア活動は、避難所等の活動先に対し悪影響を及ぼすことがあります。

　そのため、介護福祉士会から行政機関へ活動の協力が可能である旨の意思表示をし、行政機関からの要請に応えるというプロセスが重要となります。

　ただし、熊本地震および鳥取県中部地震においては、緊急性が高いと判断されたことから介護福祉士会から行政に対してはたらきかけを行い、行政から要請してもらって支援しました。

災害時における都道府県介護福祉士会の役割

　災害時における都道府県介護福祉士会の役割として、まず会員の安否確認、情報収集があげられます。その後、日本介護福祉士会と協働して被災者支援にあたります。

　また、全国的な支援が必要とされる激甚災害等の場合を除き、都道府県介護福祉士会が主体となって支援にあたることが想定されることから、都道府県介護福祉士会には迅速な支援が求められることになります。そのため、災害関連に限らず、行政と介護福祉士会が日頃から顔の見える関係を構築しておくことが大切です。場合によっては行政との災害協定の締結も検討する必要があります。

　さらに、災害時には団体同士のチームがつくられることがあります。日頃から関係団体と横の連携を図っておくことで、より円滑な支援を行うことが可能になります。

話し相手がいることの必要性

いずれの災害支援においても、直接的な支援ももちろん重要ですが、話し相手といった、身体に触れない支援も重要となることが多くありました。熊本地震ではそれが顕著であり、「お話処」を運営するボランティア活動もみられました。

> **コラム**

自分が体験したことを人に伝えていく

岡山県介護福祉士会：甲加勇樹

ボランティア活動が終わろうとしたとき、目の前で休んでいたご夫婦の奥さんが「夜の間ずっと座っていて寒かっただろうし、疲れたでしょう。お疲れさまでした」と声をかけてくれました。「自分が大変な状況にあっても、人を思いやることができるなんて」と、頭が下がる思いでした。

夜間の活動だったため、避難している人たちとの直接的なやりとりはあまりありませんでしたが、夜間だからこそ気がついたことも多かったと思います。

災害ボランティアとして私自身ができたことは本当に些細なことだったと思いますが、ここで体験して学んだことは、次にいかすことができると思っています。

その一つが、自分が体験したことを人に伝えていくことです。所属している岡山県介護福祉士会で、活動報告の場を設けてもらいました。

災害ボランティアに不安を感じている人や、「自分が行って役に立つのだろうか？」「そもそも、どんなことをするのだろう？」と考えている人たちにとって、踏み出す一歩につながる活動をこれからも続けていきたいと思っています。

「まとめ」にかえて

日本介護福祉士会会長／熊本県介護福祉士会会長：石本淳也

時間の経過とともにみる、ボランティアの受け入れ調整・派遣体制の構築

2016（平成28）年に発生した熊本地震では、私自身、被災者の一人でありました。と同時に、被災地でボランティアを受け入れ、調整・派遣する役割を担う立場にもありました。

そこで、発災からおよそ1か月の間に、現地ではどのようなことが起こっていたのか、私の体験を通じて見たこと、感じたことを紹介します。

〈4月15日〉

「前震」と呼ばれる大きな揺れがあった後のこの日、空が明るくなって、自宅と熊本県介護福祉士会（以下、県介士会）事務局の片づけをしつつ、日本介護福祉士会（以下、日介）と情報共有を図りました。

また、熊本県と電話でやりとりをするも、被害状況の把握が行政もできていないことがわかりました。報道などから察するに、今回の地震の被害はおそらく局所的であり、担当課としての即対応は今のところないだろうと推測しました。

必要があれば動く意思があることを県に伝え、その旨を日介とも共有し、その夜は自宅の1階リビングを片づけました。そして、余震が続いていたため、すぐに外に逃げ出せるように、リビングで家族と就寝しました。

〈4月16日〉

「本震」発生。横揺れの激しさと長さにより、立ち上がることも、逃げ出すこともできず、家がつぶれたり、ゆがんだりする前に逃げ出せるようにと、サッシを開けるのが精一杯でした。

揺れがおさまってから、すぐに家族を外に出すとともに、別

室で休んでいた父を連れ、避難生活に必要最低限の生活用品を持ち出して、近くの公園へ車で移動しました。

ほんの100mほどの移動の道中でしたが、ブロック塀や瓦が倒壊・落下しており、逃げ惑う人々もあり、移動は困難をきわめました。

明け方まで車中にて過ごしましたが、震度5から6の余震が数分おきに起こり、益城町方面の空が異様に明るく見え、避難していた公園の地面は余震のたびに地割れし、恐怖と喧騒のなか、一睡もせずに夜を明かしました。

夜明けとともに、県の担当者と再度連絡。「間違いなく被害が大きくなっている。情報が入り次第、応援を要請する」とのこと。日介とその旨を共有し、まずは動ける体制を整えることの依頼をしました。

また、携帯電話で関係者と連絡をとり合い、とりあえず安否も含めて現状を共有したほか、HPやSNSを通じて、「現状を確認したうえで応援をしてほしい。そのための体制を整えている。勇み足の押しかけはしないでほしい」と発信しました。

その後、益城町の特別養護老人ホームからSOSが入ったと、県から応援要請があり、この旨を日介に連絡しました。地元の会員は動くことができず、また、県介士会事務局の機能は停止していたために連絡がとれません。そこで、九州ブロックを中心に応援体制が組まれることとなりました。

現地の情報収集や、行政との連絡は石本が担当しました。そこからの情報をもとに、応援体制の調整のほか、厚生労働省をはじめとする関係機関との調整は日介事務局が行いました。

私自身、昼夜を問わず電話のやりとりを頻回に行っていました。しかし、自宅や家族のことも守らなければならず、飲食物の確保すらままならないなかで、やがて心身ともに疲弊していきました。そのため、電話そのものにストレスを感じる場面もありました。

それでも、遠隔地でコーディネートをするにあたり、唯一の窓口が電話であったのも事実でした。

〈4月17日〉

　先遣隊として福岡県介護福祉士会が熊本に入りました。飲食物をはじめとした物資を先遣隊が届けてくれたこと、そして、仲間がわざわざ来てくれたことは大変ありがたく、折れかけた心に響きました。

　現地対策本部を立ち上げることの必要性と提案が先遣隊からありましたが、そのスペースの確保自体、難しい状況にありました。

　先遣隊はとりあえず、その夜は県庁内に一角を確保し、翌日の現地派遣に備えて待機。その間、派遣先となる益城町の特養担当者とスケジュールや現状の確認などを行いました。

〈4月18日〉

　この日、先遣隊とともに益城町へ現地入り。特養内に設けられた対策本部のミーティングに参加し、現状などを聞き取りました。

　その後、特養内に一室分のスペースを借り、今後継続的に派遣される予定のボランティア拠点を確保することができました。これにより、順次、ボランティアを送り込むことが可能になりました。

　当初、近隣住民もこの特養に避難しており、玄関先から人がごった返す状況でした。また、多くの施設職員も自宅が被災しており、家族を連れて職場に避難している職員もいました。

　「休みなく働き通している職員に、少しでも休める時間、自分のことをする時間を与えたい。そこをフォローしたり、助けたりしてほしい」という要望が、施設からもたらされました。

〈4月20日〉

　新たな派遣要請が県からあったのは、益城町に入った翌々日あたりだったと思います。

　派遣先は、南阿蘇村の有料老人ホーム。「10名弱の認知症高齢者がいるが、職員が被災し、高齢のオーナー夫婦と若干名の

職員しか動ける者がいない」とのこと。

ここへは山口県介護福祉士会からの応援を投入し、ともに現地入りすることとなりました。

現場は想像よりも落ち着いた状況でした。しかし、徘徊する人などは実際におり、実態を把握する必要性がありました。

まず、被災はしているものの、ハード面に大きい影響はなく、飲食物をはじめとする物資も十分すぎるくらいあることがわかりました。また、ほかにも、被災して職員が少ないのではなく、もともと離職続きで職員が手薄であったこともわかりました。現状勤務している職員も、近く退職する予定とのことでした。

実際、日介ルート以外からのボランティアも派遣されていて、十分人手はありました。決して悪気はないのでしょうが、もともとの人材不足をボランティアで補っている様子が見受けられました。

派遣されているボランティアとしては、本来の意図とは違う活動を行うことになり、「ここよりもっと困っているところがあるはず」との思いに駆られます。これは、ボランティア活動に対するモチベーションを大きく左右するものです。

県および日介と状況を協議し、まずは県担当者が現地入りし、実態を把握した後、日程を区切り、日介からの派遣を終わらせることを通知してもらいました。

〈4月末〉……発災から約2週間

日を追うごとに、関係機関との連絡調整や打ち合わせ、ボランティアの送迎、そして自宅や事務局、地域のことあれこれを一人で担うことに限界を感じるようになりました。新たな派遣要請も増えつつあるなか、日介から、コーディネーターとして2名が熊本入りすることとなりました。

これにより、関係する行政機関、社会福祉協議会、他団体との調整・情報共有と現状把握を改めて行い、日介が東京で行っていた遠隔調整を、現地・熊本で行う体制を構築することができました。

しかしながら、増える派遣先に充てるだけの十分なボランティアの確保は困難でした。そこで、正会員のみではなく、非会員も取り込んだ派遣体制をつくることを検討しました。具体的には、ボランティアセンターや対策本部等に問い合わせのあった非会員で、介護ボランティアの希望者を、県介士会で一体的に受付・調整することにしたのです。

　あわせて、SNSにより募集の呼びかけを行うと、大きな反響があり、なんとか人数を確保できるようになりました。

　しかし、まだ混乱した現場の状況から、コーディネートが大変煩雑をきわめ、問い合わせのあった希望者に対する対応などが十分にできず、大幅に対応が遅れることもありました。

〈5月初め〉……発災から約3週間

　発災当初の混乱期から、若干落ち着きかけた3週間後あたりから、本当に介護福祉士会からの派遣が必要なところと、そうではないところを整理する必要性を感じるようになりました。この頃には他団体の活動も盛んとなり、場所によっては支援者が余るところもみられました。

　福祉避難所の機能も本格化するなか、連日入れ替わり立ち替わり外部の人間が避難所に出入りすること自体が、被災者・避難者のストレスとして表面化するケースもありました。

　激甚災害の指定や、災害救助法の適用など、支援に必要な制度の整理も行われ、現実的に、継続性をもって人員を確保することにも限界がありました。

　そのようななかで、介護福祉士会のボランティア派遣先を、可能な限り一般避難所にシフトしていくこととなりました。

被災地に介護のボランティアとして入るにあたり、共有しておくべき考え方

　活動当初からの思いとしては、本格的な支援が入るまでの「つなぎとしての役割」が日介のボランティア活動のスタンスであり、いつまでも自分たちが前面に立つのではなく、元来の社会

資源やコミュニティになるべく早期に引き継ぐことが肝要であると考えていました。

しかしながら、現場によっては、その手厚さにバラつきが大きく、避難所運営者や担当行政への提案などもコーディネーターとして行ったのが実際でした。

第1段階の「足し算的支援」から、第2段階（移行期）あたりからは「引き算的支援」を心がけることを活動者とも共有し、派遣を続けました。

発災から1か月を過ぎたあたりからは、県介士会の会員も支援活動に参加するようになりました。しかしながら、地元会員の場合は、自宅と自職場が被災していることから、早い段階からの活動は非常に困難であることを感じました。

ボランティアとして活動された人々の多彩さは、とても力になりました。レクリエーション、生活リハビリテーション的アプローチ、いやしのアロママッサージなど、活動内容はさまざまでしたが、共通していえることは、ボランティアのみなさんが「さりげなく寄り添う」というスキルをもっていたことです。

そして専門職として、情報が少ないなかで、その場でアセスメントしながら必要な支援を実践するというスキルももっていました。

これらに対して避難所各所から、「本当にありがとう」という声が寄せられました。

当事者は、ある意味で冷静ではありません。したがって、ボランティアは客観的な視点をもとに物事を整理し、判断する必要があります。

しかし、その一方で、よかれと考える診断や提案であっても、当事者にそれを押しつけてしまっては、当事者には過度なストレスとなるばかりです。実際、自分もそうでしたし、このことは、被災地の行政担当者や被災した人々を通じて痛感しました。

「そうしたほうがいいとはわかってるよ。わかってはいるけど、身動きがとれないし、心に余裕がない。そのことをわかってよ！」

ボランティアは、こうした当事者の心の叫びを理解することが大切です。

　支援者は、決して自分がヒーローになってはいけません。どこまでも、「被災地主体」「被災者主体」。支援者は黒子なのです。

　災害ボランティアとしての活動は、まず、こうした考え方の共有からはじめることが重要になると考えます。

倫理的ジレンマに遭遇したとき

　災害時というきわめて非日常的な環境において、介護福祉士は倫理的ジレンマに遭遇することが考えられます。

　例えば、災害発生後、間もない時期を想定してみましょう。

　この時期は、要介護高齢者などの社会的弱者も含め、多くの人たちが一般避難所に押し寄せて、混乱した状況におちいります。介護福祉士は、「非日常的な環境になじめない要介護高齢者などを、このままここで面倒をみられるのか？」という思いにかられます。

　いわゆる福祉的トリアージ（緊急度にしたがって、対応の優先順位をつけること）を行い、福祉避難所や隣県の施設など、今よりも環境の整った場所へ移したほうがよいと考えることでしょう。

　しかし、それは家族や地域コミュニティとの断絶を意味しており、本人の意思が伴わないまま移されてしまうことが少なくありません。仮に、復興が進み自宅に戻れる環境ができたとしても、実際に戻れる人は少ないのではないでしょうか。

　また、避難所が落ち着きつつある段階では、介護福祉士には、避難者の自立に向けた支援が必要となります。

　全国から善意で寄せられる物資に支えられながら、自活への道を開かなければなりません。そのためには、人的支援や物資支援の終わり方などのタイミングが大変重要である反面、支えられることが当たり前になった人たちからすると、支援終了を「見捨てられた」という発想でとらえ、不満につながります。

したがって、避難者の自立に対する理解を早期から促し、足し算から引き算の支援へシフトすることがカギとなります。

いずれにしても、災害時にあっては、よりどころとする倫理原則によって、まったく異なる結果が導き出されることがあることを理解しておく必要があるといえます。

巻末
資料

1 災害時の対応方針

日本介護福祉士会および都道府県介護福祉士会では、災害時の対応方針を次のとおり定めています。

(1) 災害時における介護福祉士会の役割の整理

地震や水害等の災害時には、介護福祉士会として、他団体等との連携による復興支援のほか、介護福祉士会独自の取り組みとして、次の業務を担うこととしています。

● 一般避難所における見守り等（公的サポートが入るまでの緊急時支援）
● 福祉避難所における介護職員支援（公的サポートが入るまでの緊急時支援）
● その他必要とされる支援

ただし、行政機関からの要請がない場合や、介護福祉士会が支援を行うことが災害支援の現場に混乱をもたらすと判断される等の場合は、この限りではありません。

災害救援活動を実施する主体

一義的には都道府県介護福祉士会が対応することとしますが、都道府県介護福祉士会単独では対応が困難な場合は、日本介護福祉士会や近隣都道府県介護福祉士会がサポートを行うこととします。

ただし、全国的な支援が必要とされる激甚災害等の場合は、日本介護福祉士会が主体的にサポートを行うこととします。

(2) 災害救援活動の費用負担方法の整理

行政機関等が負担する場合を除き、一時的には対応する都道府県介護福祉士会の負担とするが、真に必要のある経費については、日本介護福祉士会の災害活動費から支弁す

ることとします。

　ただし、ボランティアの旅費交通費、ボランティア保険加入に要する費用は、原則として本人負担としますが、状況に応じて日本介護福祉士会の災害活動費からの支弁を検討します。

　日本介護福祉士会においては、常時、災害活動に活用する災害活動費にかかる寄付を受け付ける体制を構築したところです。

2 | 災害時の対応方法

　実際に災害等に対応するための準備として、日本介護福祉士会および都道府県介護福祉士会では、発災時に、次の対応をとることとしています。

（1）災害直後の連絡体制

　介護福祉士会では、緊急時にも対応できるよう、次の連絡体制をとることとします。

緊急時に備えた対応方針

　震度5強以上の地震、人身に被害が生じた水害等の場合は、都道府県介護福祉士会の担当者が、現地の被災情報や会員の安否等の情報収集を行うこととしています。

　ただし、激甚災害等の指定を受ける大規模災害の場合は、国（厚生労働省等）からの情報を日本介護福祉士会が収集することとしています。

　なお、収集した情報は、日本介護福祉士会事務局、都道府県介護福祉士会担当者で共有し、それぞれの関係役員等に状況を報告。そのうえで具体的な状況をふまえ、適宜の対応を行うこととします。

具体的な連絡方法

　日本介護福祉士会および都道府県介護福祉士会において、それぞれ優先順位をつけた3名を災害時の対応担当者として選定し、ブロック間で連絡先を共有しているところです。

　この担当者（優先順）が、災害時に具体的な行動をとることになります。

（2）災害対策本部の設置について

　現地災害対策本部は、具体的な状況をふまえ、必要に応じて設置することになります。

巻末資料

　災害時ボランティアの派遣の可能性がある場合、行政機関との連絡調整が想定される場合は、少なくとも連絡がとれる体制を確保することが必要ですが、災害時ボランティアの派遣が決まった際には、災害時ボランティアの派遣拠点として現地災害対策本部を設置する必要があると考えています。

　なお、激甚災害等の大規模災害に該当する場合にあっては、日本介護福祉士会にも災害対策本部を設置し、全国規模で災害支援を行う体制を整備することも想定しています。

（3）災害時ボランティア

　災害時ボランティアは、災害時の介護のボランティア活動について一定の学びがある介護福祉士に担ってもらうのが望ましいと考えています。

　実際に、都道府県介護福祉士会によっては、介護福祉士会が開催する災害ボランティア基本研修を実施する際、発災時に声をかけること（災害時ボランティアとして登録すること）を受講要件とするなど、動員体制の構築を進めているところです。

　ただし、激甚災害等の場合等で、災害ボランティア基本研修修了者だけでは、そのニーズに応えられないときは、これ以外の人にも参画してもらう場合も考えられます。実際に、熊本地震の際は、介護福祉士と介護福祉士以外の人がチームになって活動を行う等の対応がありました。

111

3 | 首都直下型の大規模災害の際の対応

　首都直下型地震にあっては、日本介護福祉士会および東京都介護福祉士会が機能不全におちいることがあります。

　そこで、この場合の対応を次のように定めています。

〈リーダーの選出〉
　日本介護福祉士会会長、日本介護福祉士会災害対策検討委員長の協議により選定する。
〈災害に対応する事務局〉
　リーダーの声かけにより、首都圏域および近隣の県介護福祉士会関係者のうち、継続的に活動できる3名以上の者により構成する。

4 日本介護福祉士会による最近の災害時ボランティアの活動実績

(1) 鳥取県中部地震（2016（平成28）年10月21日）

活動期間：2016（平成28）年10月22日から30日まで（9日間）

活動内容：災害時ボランティアを倉吉市・湯梨浜町の避難所6か所に派遣、避難所における見守り等支援の実施

活動人数：延べ約30名

(2) 熊本地震（2016（平成28）年4月14日から）

活動期間：2016（平成28）年4月18日から6月30日まで（73日間）
　　　　　※同年7月以降は、熊本県介護福祉士会が継続的に支援を実施

活動内容：災害時ボランティアを益城町・嘉島町・御船町等の避難所等約15か所に派遣、避難所等における見守り等支援などの実施

活動人数：延べ約900名

(3) 東日本大震災（2011（平成23）年3月11日）

派遣期間：2011（平成23）年3月19日から8月31日まで（166日間）
　　　　　※岩手県介護福祉士会は、それ以降も継続的に支援を実施

活動内容：宮城県・岩手県内の避難所等約20か所における見守り等支援など

活動人数：延べ約780名

※このほか、2017（平成29）年7月の九州北部豪雨災害時には、福岡県介護福祉士会として災害時ボランティアの派遣活動が実施されています。

5 | 災害時の活動資金にかかる 寄付金募集について

　日本介護福祉士会では、災害時ボランティアの派遣等活動を行う際に活用するための資金として、災害活動費（寄付金）を募っています。

　みなさまのご協力を何卒よろしくお願い申し上げます。

寄付金の種類

　日本介護福祉士会の寄付金は、次の2種類の形態があり、このうち特定寄付金が災害時ボランティアの派遣等活動を行う際に活用する寄付金となります。

種　　　類	寄付金の目的
一般寄付金	当会の公益目的事業に使用することを目的として受領する寄付金
特定寄付金	当会の公益目的事業のうち、災害救援活動に使用することを目的として受領する寄付金

※名称は、いずれも日本介護福祉士会寄付金取扱規程（日本介護福祉士会のホームページ上で確認ください）における名称です。

寄付の方法

　振り込みをする前に、必ず、申込書に必要事項を記入のうえ、日本介護福祉士会まで郵送もしくはファックスでお送りください。

　寄付申込書は日本介護福祉士会のホームページよりダウンロードしてください。

寄付金の振込み先口座

	一般寄付金	特定寄付金
銀行名等	みずほ銀行	ゆうちょ銀行
	新橋支店	00140-3-433417
	普通　2970862	（銀行からのお振込みの場合）
		金融機関コード　9900
		支店名　○一九（ゼロイチキュウ）店
		預金種目　当座
		口座番号　0433417
口座名義	公益社団法人日本介護福祉士会	公益社団法人日本介護福祉士会災害活動費
注意事項	※お振り込みいただく際は、「一般寄付金」と明記願います。	※お振り込みいただく際は、「特定寄付金」と明記願います。
	※寄付金のお振り込みは、申込書を当会に送付いただいた後に行ってください。	※寄付金のお振り込みは、申込書を当会に送付いただいた後に行ってください。
	※恐れ入りますが、振込み手数料はご負担ください。	※恐れ入りますが、振込み手数料はご負担ください。

受領証明書の郵送

　寄付金が入金されたことを確認した後、「寄付金受領証明書」を郵送します。

税制上の優遇措置

　日本介護福祉士会は「公益社団法人」としての認定を受けているため、当会への寄付金には、特定公益増進法人としての税法上の優遇措置（所得控除）が適用されます。

　また、東京都在住の人は、東京都の条例により、個人住民税に対する税額控除の対象となります。

　なお、税制は都度変更されていますので、申告の詳細については近くの税務署にお問い合わせください。

6 | 日本介護福祉士会倫理綱領

1995年11月17日宣言

前文

　　私たち介護福祉士は、介護福祉ニーズを有するすべての人々が、住み慣れた地域において安心して老いることができ、そして暮らし続けていくことのできる社会の実現を願っています。

　　そのため、私たち日本介護福祉士会は、一人ひとりの心豊かな暮らしを支える介護福祉の専門職として、ここに倫理綱領を定め、自らの専門的知識・技術及び倫理的自覚をもって最善の介護福祉サービスの提供に努めます。

（利用者本位、自立支援）

1．介護福祉士はすべての人々の基本的人権を擁護し、一人ひとりの住民が心豊かな暮らしと老後が送れるよう利用者本位の立場から自己決定を最大限尊重し、自立に向けた介護福祉サービスを提供していきます。

（専門的サービスの提供）

2．介護福祉士は、常に専門的知識・技術の研鑽に励むとともに、豊かな感性と的確な判断力を培い、深い洞察力をもって専門的サービスの提供に努めます。また、介護福祉士は、介護福祉サービスの質的向上に努め、自己の実施した介護福祉サービスについては、常に専門職としての責任を負います。

（プライバシーの保護）

3．介護福祉士は、プライバシーを保護するため、職務上知り得た個人の情報を守ります。

（総合的サービスの提供と積極的な連携、協力）

4．介護福祉士は、利用者に最適なサービスを総合的に提供していくため、福祉、医療、保健その他関連する業務に従事する者と積極的な連携を図り、協力して行動します。

（利用者ニーズの代弁）

5．介護福祉士は、暮らしを支える視点から利用者の真のニーズを受けとめ、それを代弁していくことも重要な役割であると確認したうえで、考え、行動します。

（地域福祉の推進）

6. 介護福祉士は、地域において生じる介護問題を解決していくために、専門職として常に積極的な態度で住民と接し、介護問題に対する深い理解が得られるよう努めるとともに、その介護力の強化に協力していきます。

（後継者の育成）

7. 介護福祉士は、すべての人々が将来にわたり安心して質の高い介護を受ける権利を享受できるよう、介護福祉士に関する教育水準の向上と後継者の育成に力を注ぎます。

■編集

公益社団法人日本介護福祉士会

・災害対策検討委員会

舟田伸司

白仁田敏史

・事務局

災害時における介護のボランティア入門
介護福祉士の専門性をいかして

2018 年 5 月 25 日　発行

編　集　公益社団法人日本介護福祉士会

発行者　荘村明彦

発行所　中央法規出版株式会社
　　　　〒 110 - 0016　東京都台東区台東 3 - 29 - 1　中央法規ビル
　　　　営　　業　TEL 03 - 3834 - 5817　FAX 03 - 3837 - 8037
　　　　書店窓口　TEL 03 - 3834 - 5815　FAX 03 - 3837 - 8035
　　　　編　　集　TEL 03 - 3834 - 5812　FAX 03 - 3837 - 8032
　　　　https://www.chuohoki.co.jp/

ブックデザイン　株式会社ジャパンマテリアル

印刷・製本　西濃印刷株式会社

本書のコピー、スキャン、デジタル化等の無断複製は、著作権法上での例外を除き禁じられています。また、本書を代行業者等の第三者に依頼してコピー、スキャン、デジタル化することは、たとえ個人や家庭内での利用であっても著作権法違反です。
定価はカバーに表示してあります。
落丁本・乱丁本はお取り替えいたします。
ISBN978 - 4 - 8058 - 5708 - 3